나노

미시세계가 거시세계를 바꾼다

차례
Contents

03이 책을 내면서 05나노기술이란 무엇인가 14나노기술의 분류 20나노재료 만들기 32나노의 특성 40나노조작의 기술 47나노측정 방법의 연구 52나노의 꽃 소자응용 67탄소나노튜브소자 응용사례 93맺음말

이 책을 내면서

사실 출판사로부터 나노기술에 관한 원고 청탁을 받고 나는 고민 하나를 덜 셈이었다. 2002년 가을학기 '나노과학개론'을 가르칠 때 적절한 교재가 없어 무척 고민스러웠기 때문에 이 차에 개론서 한 권을 내고 교재를 구하지 못하는 고민을 덜어볼 작정이었다. 그 바람에 선뜻 원고 청탁을 수락했다.

그런데 막상 쓰자고 하니 또 다른 고민이 생겨났다. 분량이 정해져 있는 문고판 책이다 보니 많은 원고를 실을 수 없고 학생을 포함한 일반 독자를 대상으로 한 책이다 보니 원고의 내용을 어떻게 잡아야 할지 대중이 서지 않는 것이었다.

여기서 개인적인 경험을 하나 소개하자면 내가 대학을 다닐 때 『현대과학신서』라는 문고판 형태의 과학 시리즈물이 있었다. 나는 대부분 번역서였던 그 책들을 거의 빼놓지 않고 읽었다. 4차원을 인식하는 데 도움을 주는 뫼비우스의 띠, DNA 구조를 밝혀낸 왓슨의 경험 등 신기한 이야기는 끝도 없었다. 현대물리학을 만들어낸 보어, 아인스타인, 슈뢰딩거 등의 토론 과정은 지금 생각해도 정말 재미있었다. 내가 과학을 좋아하게 된 것은 순전히 그 책들 덕분이었으니……

원고청탁을 받았을 때 또 다른 나의 욕심은 이 작은 책으로 나의 어릴적 흥분을 독자들에게 그대로 전해주는 것이었다. 그러한 생각이 미치자 일단 고민하던 '독자의 범위'가 정해졌다. 주된 독자는 대학생으로 하되 고등학생도 어느 정도 이해할 수는 있도록 시작하려고 한다. 이로써 궁극적으로는 젊은이들이 나노기술에 동참하기를 바래본다.

소개될 나노기술의 내용은 10년 혹은 20년 후에 일어날 일보다는 지금 당장 실제 연구자들이 갖고 있는 당면과제에 초점을 맞추었다. 실제 연구하고 있는 나노기술의 주제는 무엇이고 나노기술에서 무엇을 다루어야 할 것인가에 대해 많은 지면을 할애했다.

고등학생은 많은 경우 이런 부분을 놓칠지도 모른다. 하지만 그들에게 이런 부분은 중요하지 않을 것이다. 다만 '나노'라는 세계가 인생을 걸고 투자할 만한 가치 있는 연구 분야라는 것을 느낀다면 그것으로 족하다. 나는 그들의 잠재능력을 믿는다. 내가 고민하고 있는 많은 문제가 젊은 그들에 의해 해결될 것이다. 내가 은퇴한 후 그들이 이뤄낸 일들을 듣고 혼자 미소 지을 날을 기대해본다.

나노기술이란 무엇인가

 흔히들 21세기를 IT(Information Technology), BT(Bio-Technology), NT(Nano Technology) 시대라고 부르는데 이는 각각 정보기술, 생명공학, 나노기술을 뜻한다. 실제로 우리는 피부로 IT 혁명을 느끼고 있다. 예전에는 TV나 신문이 여론을 이끌어가는 주체가 되었는데 이제는 인터넷이 중요한 역할을 차지하고 있다. 옛날 같으면 논문 하나를 찾으러 도서관을 들락거렸을 텐데 지금은 컴퓨터 앞에 앉아서 인터넷으로 검색만 하면 모든 것이 해결된다. 그뿐인가, 화상채팅도 실시간으로 가능하고, 세계 각국에 있는 사람들과 원거리 회의도 하고, 실시간 컴퓨터 게임을 즐길 수도 있다. 앞으로 통신 속도가 더 빨라지면 어떤 일이 가능할지 예측하기도 힘들다.

혁명은 비단 IT 분야에서만 일어나는 것은 아니다. 대학에서는 매년 새로운 내용을 보충한 생화학 교재를 다시 찍는다. 생명체의 유전자를 복제하여 똑 같은 생명체를 만드는 획기적인 일들이 일어났다. 복제양 돌리 이후 법이 허용된다면 사람까지도 계속 복제가 이루어지리라는 것은 불을 보듯 뻔하다.

미국의 드렉슬러가 쓴 『창조엔진』에는 나노로봇이 우리 몸에 들어가 수술하는 장면이 나온다. 나노로봇이 막힌 혈관을 뚫어 동맥경화를 없애고 암세포에 약을 뿌려 암세포를 선택적으로 없애는 일은 상상만 해도 신나는 일이다. 이런 일은 많은 시간이 걸리겠지만 언젠가는 실현될 것이다. 과학자들의 노력으로 새로운 기술이 끊임없이 개발돼 온 역사를 돌이켜볼 때 BT 발전이 계속되리라는 것은 기대하지 않을 수 없다.

IT 혁명이나 BT 발전에 NT(나노기술)가 빠질 수 없다.

그러나 막상 나노기술 자체가 무엇이냐고 묻는다면 답하기가 쉽지 않다. 과연 나노는 단순히 나노크기만을 의미하는 것일까? 나노세계에서는 어떤 일이 벌어질까? 질문에 대답하기란 그리 쉽지 않다. 나노기술이 물리, 화학, 생물, 전기전자공학, 재료공학, 기계공학 등 모든 분야에 다 연관되어 있어 공통분모를 끄집어내기가 쉽지 않다. 또한 분야의 발전 속도에 따라 아전인수로 해석할 수 있어 어떤 과학자한테 물어보느냐에 따라 대답도 달라진다.

더 어려운 질문을 덧붙이자면, 나노기술이 어디까지 발달할 수 있을까? 과연 미래에는 나노기술발전의 부작용으로 인류에 재앙을 가져올 수 있을까? 과연 우리는 나노기술을 발전시켜야 할까? 나는 사실 이 짧은 책을 통해 독자에게 이 모든 질문의 답을 제공하려 하지는 않는다. 아니 할 수도 없다. 다만 우리가 당면한 문제가 무엇인가를 제시하고자 한다. 자 그럼 나노의 어원부터 들어가 보자.

1나노미터=10^{-9}미터

'나노'는 그리스어로 아주 작다는 것을 뜻한다. 단위로 사용하는 1나노미터의 준 말이다. 1나노미터는 10^{-9}미터(10억 분의 1)이다. 이것은 머리카락 두께의 1/50,000에 해당하는 크기이고 수소원자지름의 10배에 해당하는 길이이다. 보통 원자의 크기가 0.2-0.3나노미터(이하 나노라 함)이므로 원자 3개를 일렬로 배열하면 1나노가 되고 전형적인 박테리아 크기의 1/1,000이 된다.

아주 작은 길이를 나타내는 나노는 사실 기초과학을 하는 물리학자, 화학자의 입장에서 보면 새로운 말은 아니다. 그렇다면 물리학이나 화학을 모르던 우리 선조에게 나노란 말은 생소한 말이었을까? 그렇지도 않다. 우리 선조는 서양인보다 훨씬 더 자세하게 물질의 크기를 세분하고 있다.

다음 페이지의 그림을 보면 알 수 있듯이 선조들은 10^{-6}미터를 '미'(작다)라고 불렀다. 영어에서는 'fine'(미세하다)이라고

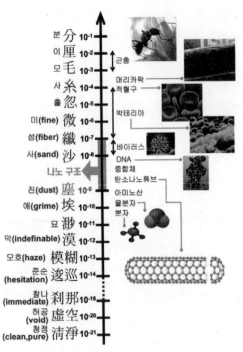

분 分 10^{-1}
이 厘 10^{-2} — 곤충
모 毛 10^{-3} — 머리카락
사 糸 10^{-4} — 적혈구
홀 忽 10^{-5}
미(fine) 微 10^{-6} — 박테리아
섬(fiber) 纖 10^{-7}
사(sand) 沙 10^{-8} — 바이러스
— DNA
나노 구조 — 중합체
탄소나노튜브
진(dust) 塵 10^{-9} — 아미노산
애(grime) 埃 10^{-10} — 물분자
묘 渺 10^{-11} — 분자
막(indefinable) 漠 10^{-12}
모호(haze) 模糊 10^{-13}
준순 (hesitation) 逡巡 10^{-14}
찰나 (immediate) 刹那 10^{-18}
허공 (void) 虛空 10^{-20}
청정 (clean,pure) 淸淨 10^{-21}

서양과 동양의 크기에 관한 용어설명(오른쪽은 대응되는 자연계 사물의 크기).

표현했다. 10^{-9}미터는 '진'(먼지)이라는 표현을 썼고 영어로는 나노라고 불렀다. 표에서 보는 것처럼 동양에서는 서양보다 크기를 더 자세하게 표현하고 있다. 동양 문화의 섬세함을 볼 수 있는 부분이기도 하다.

모든 물질은 원자끼리의 상호작용으로 뭉쳐져 큰 덩어리가 되었다. 화학의 시초였던 연금술은 모든 원자의 전자적 성질을 금으로 바꾸어 금 덩어리를 만들려는 것에서 시작된 것이다. 금 원자 몇 개가 모이면 1나노가 된다. 1나노가 커지면(1,000배) 마이크로미터가 되고 마이크로미터가 더 커지면(1,000배) 밀리미터, 다시 커지면(1,000배) 1미터의 크기를 가진 덩어리가 된다. 물리학에서는 크기가 커져 덩어리가 되면 차라리 다루기가 편하다. 크기가 수십 나노에 불과하면 보기도 힘들고 아주 작은 덩어리를 원하는 대로 배열하기도 어렵다. 또한 수십 나노의 덩어리는 수 밀리미터의 덩어리에 비해 물리, 화학적으로 아주 다른 양상을 띠게 된다.

나노기술의 탄생

그렇다면 이런 대상들을 처음 발견한 것은 언제일까? 물리학자와 화학자는 20세기 초 현대과학이 태동한 때부터 원자 크기에 익숙해 있었다. 분광학을 통해 각 원자의 전자결합상태를 충분히 이해하고 이를 토대로 원자의 모형을 제시해 왔다. 또한 입자의 크기가 나노 단위가 되면 전자의 운동이 제약을 받고 특정한 상태에서의 운동만 허용한다는 것도 알고 있었다. 따라서 나노세계에서 나타나는 특이한 현상도 이런 바탕에서 보면 전혀 특이한 현상이 아니라는 것이다. 말하고자 하는 요점은 아주 작은 크기의 나노세계는 화학자나 물리학자에게 아주 친숙한 세계라는 것이다. 그럼에도 불구하고 2000년에 접어들 때까지 과학계에서는 나노과학 혹은 나노기술이라는 말을 쓰기를 꺼려했다.

나노기술이란 용어는 좀 더 현실적인 이유에서 나왔다. 과학자들은 연구를 하는 일 외에 중요한 일이 하나 더 있다. 이는 연구를 수행하기 위해 연구비를 받아내는 일이다. 연구를 수행하기 위해서는 실험을 위한 실험 기자재비 및 재료비가 필요하고 실험을 도울 수 있는 연구원이 필요하다. 얼마 전 노벨상을 받은 한 과학자에게 가장 시간 소비를 많이 하는 부분이 어떤 거냐고 물었을 때 이 과학자는 '연구비를 확보하는 것'이라고 대답했다고 한다.

연구비는 주로 정부와 기업체에서 지원받는다. 과학기술 연구비를 담당하는 이는 어떻게 국회의원을 설득하고, 예산처 직원을 설득하고, 국민을 설득할 것인가를 고민한다. 단순히 "국가의 경쟁력을 높이기 위해 돈을 주십시오." 할 수는 없다. 구체적이고 설득력 있는 이유를 덧붙여야 하는 것이다. 뭔가 그럴 듯한 미사여구가 있다면 안성맞춤이다. 이렇게 새로운 용어가 탄생한다. 사실상 나노기술도 역시 새로운 분야는 아니었으나 21세기 들어서 예산투쟁용으로 '나노기술'이라는 이름으로 거듭났다.

소자기술의 또 다른 이름 나노기술

나노기술이 미래에 주는 메시지는 파격적이다. 왜냐하면 나노기술은 그 다음 세대의 기술에 관한 이야기이다. 예를 들면 반도체 D-RAM의 한계는 4GB이라고 생각하는 사람들이 많다. 말하자면 기존의 재료 규소(Si)와 집적기술을 가지고 집적도를 올릴 수 있는 데는 그 정도가 한계라는 것이다. 그 다음으로 단위소자의 크기가 20나노 이하가 되고 기존의 고전적인 소자의 개념이 그대로 사용될 것이라고 믿는 사람은 없다. 즉, 새로운 개념의 양자효과를 도입해야만 20나노 이하에서 작동하는 반도체소자의 원리를 이해할 수 있다.

여기서 양자효과는 나노과학의 또 다른 이름이다. 메모리소자 혹은 트랜지스터의 가장 기본적인 기능은 전류의 흐름을 제어하는 것, 즉 스위치 작용이다. 전류의 실체는 전자 혹은 홀의 흐름이다.

그런데 물질의 크기가 줄어들면 전자 또는 홀의 운동이 제약을 받게 된다. 말하자면 전자의 활동 공간이 줄어들어 전자의 운동이 자유롭지 못하고 크기에 맞는 특정한 운동만을 하게 된다. 이런 현상을 '전자가 양자화 되었다.'고 한다. 전자가 양자화 되면 나타나는 현상이 아주 많다. 이런 현상에 대해서는 다음 장에서 더 논의해보도록 하겠다. 양자화 세계에서 나타나는 현상을 이용한 소자기술을 또 다른 이름으로 나노기술이라고 부른다.

그러나 이런 나노기술의 정의는 협의의 정의이다. 기존의 기술에 대비해 나노기술의 범위를 일반화하기란 어렵다. 왜냐하면 생명공학, 물리학, 화학 등 각 분야마다 다루는 대상이 다르고 그 대상마다 현재 다루고 있는 재료의 크기가 다르고 나타나는 특성도 다르기 때문이다.

예를 들면 반도체 나노입자의 경우 전자의 제한 운동은 드브로이 파장[1]보다 입자의 크기가 작을 때 나타나고 또 어떤 재료를 쓰느냐에 따라 그 값이 달라진다. 넓은 의미에서의 나노기술은 나노라는 이름과 기존 소자제작능력과 관련하여 정의할 수 있다.

보통 나노를 마이크로와 대별하기 위해 100나노를 0.1마이크론 또는 서브마이크론이라 부르기도 한다. 따라서 마이크론기술과 대별하여 나노는 100나노 이하의 크기를 가진 입자를 나노입자라고 부를 수 있다. 현재의 반도체 광식각기술로 100나노 이하를 패턴하기가 쉽지 않다. 이러한 정의가 재료과학 쪽에서는 쉽게 받아들여지지만 생명과학 쪽에서는 또 달라질 수 있다.

박테리아의 크기는 마이크론 정도니까 박테리아를 다루는 사람은 또 할 말이 있을 것이다. 세포의 크기는 수십 마이크론인데 세포에 수십 나노의 직경을 가진 침을 찔러 세포 내의 반응을 제어하면 세포의 나노과학이 되는 것이다. 나는 그냥 재료과학적인 정의를 따르기로 하겠다. 엄밀한 의미에서는 100나노에서는 양자효과가 보통 나타나지 않는다. 그래서 물리학자의 입장에서 보면 많은 경우 나노기술은 나노기술이 아니다.

어쨌든 이런 모호함을 뒤로 하고 미국의 국립과학재단 미하일 모코는 나노기술의 정의를 "다루는 대상의 크기가 최소한 1-100나노가 되어야 한다. 또 나노크기의 물리·화학적 성질을 근본적으로 제어할 수 있는 과정을 통해 만들 수 있어야 하고 더 큰 구조물로 합쳐져야 한다."라고 못 박고 있다. 이러한 정의에 따르면 크기만 볼 때 원자 수 개 내지 수백 개의 복합체, DNA, 단백질 등도 나노에 속한다. 우리도 이 정의를 따르기로 하자. 중요한 것은 나노기술이 분명히 지금까지 우리가 경험하지 못한 새로운 세계를 제공해주고 인류의 복지에 이바지할 것이라는 메시지를 주고 있고, 이미 많은 비전을 우리에게 보여주고 있다는 점이다. 우리는 이미 나노기술이라는 배를 타고 있다.

나노기술의 분류

　　나노의 정의가 애매하듯이 나노기술을 구분하는 데도 어려움이 있다. 일반적인 분류기준을 보자면 다음과 같다. 나노기술은 우선 크게 나노재료를 만드는 기술, 만들어진 나노재료를 조작하고 집적하는 기술, 나노크기 입자의 물리·화학적 특성을 측정하는 계측기술과, 소자응용기술, 그리고 모델링 및 시뮬레이션 기술 등으로 나눌 수 있다.

재료를 만드는 두 가지 기술

　　크기가 100나노 이하인 재료를 만드는 기술에는 두 가지 접근방법이 있다. 하나는 크기 줄이기(top-down) 방식으로 여러 가지 방법을 동원하여 크기가 큰 재료를 작게 만들어 가는 방법이다. 예를 들면 믹서가 이 방법의 상징적인 예이다. 단순하게 분쇄기로 갈면 입자의 크기가 작아진다. 이제까지 분말은 대부분 이 방법으로 생산됐고 돈을 버는 효자 노릇을 하고 있다. 이 방법으로 수 마이크론 크기의 입자를 가공하

크기가 큰 입자를 잘게 부수어
작은 입자로 만드는 고전적인 장치.

는 것은 비교적 쉽다. 그러나 이 방법으로 크기를 줄이는 데 한계가 있다. 왜 그럴까? 말하자면 바위와 모래를 섞어놓고 돌리더라도 바위의 크기 때문에 모래가 더 이상 작게 부서지지 않는 이치와 비슷한 것이다.

최근에는 이 방법으로도 입자의 크기를 나노 단위로 줄이려는 연구가 계속되고 있다. 할 수만 있으면 최고다. 대량생산을 할 수 있으니 돈을 벌기 쉽다. 그러나 과연 나노크기의 입자를 크기가 균일하게 대량으로 만들 수 있을까? 이 질문에 아직 아무도 대답할 수 없다. 그렇지만 이 방법으로 100나노 이하의 크기를 가진 나노입자를 쉽게 만들 수 있다고 믿기는 어렵다. 잘 봐줘서 20나노 이하는 어렵다. 그러나 당분간 돈을 버는 방법은 이 방법일 것이다. 소위 크기 늘이기(bottom-up) 방식이 안정되어 대량생산할 때까지는 말이다. 또 기존의 반도체 재료를

크기 늘리기 방식은 마치 벽돌쌓기와 같이 원자를 하나씩 쌓는 방식을 말한다. 레고 놀이와 비슷하다.

여러 가지 식각장치[2]를 이용하여 작은 크기의 소자를 만드는 방법도 여기에 속한다. 만들기가 비교적 쉬운 장점이 있지만 100나노 이하의 크기를 가진 소자의 제작이 쉽지 않다.

또 하나는 크기 늘이기 방식으로 한 개의 원자 및 분자의 크기를 점점 늘여 수백 혹은 수천 개의 입자로 구성되어 있는 나노재료로 만드는 기술이다. 이 방식은 기존의 화학자들이 전통적으로 다루어 온 분자자기조립 방법인데 사실 나노기술이 그들에게 새로운 이름을 지어준 셈이다. 그러나 크기 늘이기는 자기조립 방식을 취하기 때문에 재현성을 가지기 어렵고 대량생산이 어렵다. 이러한 결점은 나노기술을 상용화하는 데 큰 걸림돌이 된다. 그러나 이러한 문제가 큰 숙제로 남아 있지만 궁극적으로 해결될 것으로 기대한다.

크기 줄이기는 이미 우리에게 돈이 되고 있는 분야이다. 반도체 소자 제작이 그렇고 상용화되고 있는 미세분말이 그렇다. 크기 늘이기는 대량생산을 위해 해결해야 할 문제점이 많지만 원자나 분자를 자유자재로 조작해 구조체를 형성시키는 장점이 있다. 현재 우리는 두 가지 방법을 모두 가져가야 한다. 크기 늘이기 방법이 상용화될 때까지는 크기 줄이기 방법이 효자 노릇을 해주어야 한다. 이상과 현실 두 가지를 모두 선택하는 조화로움이 필요한 때이다.

조작과 집적에 앞서는 계측기술

일단 재료나 소자를 만들면 그 다음은 나노재료가 갖고 있는 신기능을 구현할 수 있도록 나노재료를 조작하는 기술과 더 나아가 이들을 집적할 수 있는 기술을 개발해야 한다. 또 신기능소자의 특성을 측정할 수 있는 나노측정기술을 개발해야 한다. 기존의 기술은 많은 경우 무용지물이다. 크기가 작아지다 보니 눈으로 보고 작업하는 일이 불가능해졌기 때문이다. 광학 현미경도 이제 쓸모없다. 전자현미경도 고분해능을 가진 것만 쓸모가 있다. 보고 작업하는 환경을 만드는 것이 무엇보다 중요하고 상용화 개념까지 도입해 나노입자를 우리가 원하는 대로 조립하자면 문제가 더욱 어려워진다.

중요한 것은 나노측정기술이다. 크기가 작아지면 양자효과가 나타나고 그런 양자효과를 직접 측정할 수 있는 나노측정기술이 필요하다. 크기가 작아지면 나오는 신호도 약해지고 다른 잡음과 섞여서 나온다. 따라서 고감도 측정기술이 개발되어야 나노입자의 특성을 알아낼 수 있다. 즉, 여기에도 많은 어려움이 남아 있다.

나노가 되면 많은 종류의 새로운 양자효과가 나타난다. 예를 들면 덩어리 반도체의 경우 빛을 낼 때 주어진 에너지 갭에 해당하는 한 개의 색만을 낼 수 있다. 그러나 크기가 수 나노가 되면 같은 물질이라도 입자의 크기에 따라 색을 조절할 수 있다. 전기적으로도 전자 하나하나의 흐름을 제어할 수 있다. 그렇게 되면 소비전력을 극소화시킬 수 있다.

이 부분은 대부분 물리학자의 몫이다. 크기가 수 개 혹은 수백 개 이하가 되면 이론 물리학자에게는 오히려 다루기 쉬운 대상이 된다. 그 정도는 슈퍼컴퓨터를 이용하면 온갖 종류의 실질적인 문제에 대한 시뮬레이션 결과를 제공해줄 수 있다. 나노세계의 탐구는 우주여행과 같다. 우주여행을 하기 전에 실제상황을 시뮬레이션을 통해 재현해보는 것과 같이 슈퍼컴퓨터를 통한 시뮬레이션을 하게 된다. 이 시뮬레이션은 미지의 세계에 대한 자신감을 주고 실제 일어날 상황에 대한 잘못을 최소화하는 데 도움을 준다. 또한 막대한 비용절감을 가져다 줄 수 있다. 그러나 이 접근법은 고급 인력이 필요하다. 그래서 일본이나 우리나라에서는 이 단계를 무시하려는 경향이 있다. 적절한 조화가 필요하다.

공동의 목표가 되는 나노기술

위에 기술된 많은 문제가 해결되면 이제 궁극적으로 나노의 신기능을 극대화시킬 수 있는 소자가 나와야 한다. 소자제조기술은 집적기술이든 단일소자기술이든 크기가 작아지면 일단 만들기가 어렵다. 이것은 종합예술에 가깝다. 물리학자, 화학자, 생물학자, 공학자가 힘을 합쳐야 성공적인 소자가 나올 수 있다. 이제까지 학문의 추세는 전공영역을 좁혀갔지만 나노의 세계에서는 오히려 그 반대이다. 자기 분야만 알고는 나노의 세계를 이해할 수 없다. 자기 분야를 잘 알고 있는 것 이외에도 다른 분야 사람이 무엇을 하고 있는지 알아야 한다. 그래야 최적화된 나노소자를 설계할 수 있기 때문이다. 그래서 나노 관련 학회는 일반 전문학회와는 달리 다양한 분야의 사람이 모여 같이 토의한다. 다른 분야에 대한 일반적인 식견 없이 서로를 이해한다는 것은 불가능한 일이다. 그래서 나노 연구가 초보자에게는 어렵다. 그러나 이것은 오히려 자연스러운 것이다. 혼돈 속에서 찾아내는 규칙성에 관한 일이라고 해야 할까……. 어쨌든 초보자이건 전문가이건 모두에게 할 일이 더 많아진 것은 틀림없다.

나노 재료 만들기

    사실 모든 재료의 크기가 나노가 되면 자체가 나노재료이다. 나노재료는 구조에 따라 분류하는 것이 편하다. 구조에 따라 양자점, 양자우물, 양자선(혹은 나노선), 나노튜브 등으로 분류할 수 있다. 양자점은 일반적으로 반도체 결정성장시 만들어지는 구조이고 보통 크기 줄이기 방식에서 볼 때는 나노입자라고 부르기도 한다.

    양자점을 만드는 방법 중의 하나가 변형(strain)을 이용하는 방법이다. 이 방법은 결정성장시 발생하는 문제점을 우리에게 이로운 쪽으로 응용하는 영리한 방법이다. 상당히 고전적인 방법이고 장치도 고가이다. 일반적으로 물리, 화학, 재료공학 분야에서 원하는 재료는 원자를 결합시킨 덩어리로 만들어 사용한다. 우리 산업의 효자 품목인 컴퓨터 메모리 소자는 규소 (Si)로 만들어졌는데 덩어리는 비교적 쉬운 방법으로 얻어지지만 고급 메모리 박막소자는 분자선 증착장치(Molecular Beam Epitaxy; MBE)나 유기금속 화학증착장치(Metal-Organic Chemical Vaper Deposition; MOCVD)와 같은 고가의 고진공 장치로 만들어진다. 이렇게 어려운 방법을 쓰는 이유는 자연에 그런 형태의 순수 물질이 존재하지 않고 또 이렇게 만들면 원하는 대로 물질의 성질을 제어할 수 있기 때문이다. 그러나 두 가지 이상의 서로 다른 물질을 층층이 쌓아 올리면 여러 가지 문제가 발생한다.

그 중 한 가지 골치 덩어리가 변형이라는 문제이다. 예를 들면 Si의 격자상수(결정 최소단위의 길이)가 0.543나노이고 게르마늄(Ge)의 격자상수가 0.565나노이다. 말하자면 Ge이 Si에 비해 4% 정도 격자상수 길이가 길다. 이 차이는 아무것도 아닌 것처럼 보이지만 두 물질을 층별로 쌓았을 때는 중요한 변수가 된다.

Si 기판 위에 Ge를 층별로 쌓는 장치로 분자빔 증착장치라는 것이 있다. 이 장치는 Ge나 Si 원자를 기체로 고체 표면 위에 뿌려줄 수 있는 장치이다. Si 표면 위에 Ge 기체를 증착할 때 초기 몇 층의 Ge 원자는 Si의 격자길이를 따라 그대로 줄여진 채로 자라다가 그 이후에는 기판의 효과가 줄어들면 자기들끼리 뭉친다. 그렇게 하는 것이 안정적이기 때문이다. Ge 원자들이 뭉치면 결국 Ge 양자점이 되고 이들은 성장 조건에 따라 균일한 크기를 가질 수 있게 된다. 이런 현상은 두 물질의 격자상수 불일치를 이용한 것으로 이러한 뭉침 현상은 갈륨인듐비소계에서도 관측된다.

갈륨비소 기판 위에 인듐비소계를 올리면 마찬가지로 두 물질 사이의 격자 상수 때문에 인듐비소 양자점이 형성된다. 또 이 현상을 이용하면 나노선도 만들 수 있다.

즉 원자 한 층으로 이루어진 계단을 가진 기판을 사용하면 계단 주위에 원자가 뭉쳐지는 현상을 이용할 수 있어 계단 주위에 나노선을 제작할 수 있게 된다. 이런 방법은 나노점, 나노선 제작과 동시에 배열된 구조가 되기 때문에 그 기판을 그대로 사용하여 발광소자, 레이저 등에 응용할 수 있어 편리하다. 그러나 구조의 재현성과 고가 성장장치를 사용해야 된다는 것이 큰 걸림돌로 남아 있다. 이 방법은 앞으로 상당 기간 동안 연구자들이 그 타당성을 조사할 것이다. 아직은 이 방법이 나노시장에서 살아남을지 미지수이다.

나노입자를 합성하는 또 한 가지 접근방법은 소위 크기 늘이기 방식이다. 이는 기존의 유기화학자들의 접근방법으로 입자의 크기가 나노일 때 합성을 멈춰 나노입자를 만들게 된다. 예를 들어 카드뮴셀레나이드(CdSe) 반도체 나노입자를 생각해 보자. 우선 2가 금속 Cd이 들어 있는 금속 유기물과 6가 금속 Se이 들어 있는 다른 유기물을 용액 속에 잘 푼다. 이때 세 물질이 모두 용액 속에 녹아야 한다. 그러면 용액 속에서 두 금속이 반응하여 안정한 결합체인 CdSe 결정체를 만든다. 이때 중요한 것은 유기물로서 일반적으로 계면활성제를 쓴다. 이

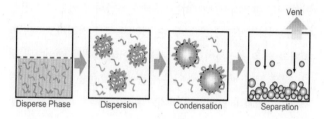

크기 늘이기로 나노입자를 합성하는 방법의 예.

계면 활성제는 CdSe 결정체 표면에 붙어 결정체를 안정화시키는 역할을 한다. 계면활성제의 또 한 가지 중요한 역할은 계면활성제의 농도를 조절하면 CdSe 결정체의 크기를 어느 정도 제어할 수 있다는 것이다. 즉, 농도가 증가하면 표면을 빨리 안정화시키기 때문에 결정체의 크기가 커지지 않는다. 이때 모든 입자의 크기가 균일하도록 조절하는 것이 아주 중요하다.

나노입자의 광학적 성질은 입자의 크기에 의해 발광하는 빛의 에너지가 다르기 때문에, 입자의 크기가 다양하게 분포되어 있으면 원하는 빛만을 골라낼 수 없다. 최근 개발되고 있는 많은 방법은 입자 크기를 아주 선택적으로 균일하게 만들어낼 수 있어 이 분야의 전망을 밝게 한다. 그러나 이 방식에는 대량합성이 어렵다는 단점이 있다. 또 입자가 분말의 형태로 존재하기 때문에 약품의 농도를 높이는 일에 분말을 사용한다는 장점과 함께 입자를 규칙적으로 배열하는 데 어려움이 있다는 단점도 존재한다.

금속재료나 자성재료도 위와 비슷한 방법으로 만들어낼 수 있다. 즉, 반응시키고자 하는 물질이 포함되어 있는 유기물을 고르고 이 유기물이 잘 녹을 수 있는 용매를 선정하고 계면활성제의 양을 조절하여 반응시간을 제어해 크기를 제어하면 된다. 예를 들면 백금 촉매 입자는 촉매의 효율을 높이는 데 쓸 수 있다. 입자의 크기가 작아지면 표면적이 덩어리에 비해 상대적으로 커져서 외부 기체를 분해시키는 능력이 향상되는데 자성체 입자의 경우 입자의 크기가 줄어들어 자구[3]의 크기보다 작아지면 한 개의 입자내부의 전자스핀을 모두 정렬할 수 있다. 또 그런 성질을 이용하면 자성이 일어나는 큐리온도[4]도 제어할 수 있을 것이고 작은 자기장에도 쉽게 반응하는 자성체를 얻을 수도 있을 것이다. 자성입자의 크기가 나노로 되면 표면효과가 커져 원래 성질이 줄어드는 경향이 있다. 이런 성질은 현재 과학자들의 연구대상이다.

양자점 이외에도 양자선이라는 것이 있다. 길이 방향으로는 길고 직경이 수 나노이면 양자선이 된다. 양자효과는 작은 직경 때문에 생긴다. 양자선은 일반적으로 금속촉매를 이용하여 만든다. 나노크기의 촉매금속입자 위에 합성하고자 하는 기체를 불어 넣어주면 양자선이 만들어진다. 이렇게 만들어진 양자선의 직경은 사용한 촉매입자의 크기와 비례하고 대개의 경우 직경이 보통 수십 나노에서 수백 나노가 보통이어서 양자현상을 나타내기 힘들다. 그러나 양자선은 표면적이 넓어 표면에 원하는 재료를 쉽게 흡착시킬 수 있다. 이런 현상을 이용하면 각종 고감도 센서를 만들 수 있다. 양자선의 특성을 잘 이용하려면 원하는 방향으로 정렬시켜야 한다. 보통 나노선을 만들고 원하는 방향으로 정렬하는 것이 어렵기 때문에 처음부터 정렬하여 합성하는 방법도 있다. 예를 들면 금을 Si 기판 위에 얇게 증착시킨 후 그 위에 Si 반도체선을 증착하면 반도체선을 기판에 수직으로 성장시킬 수 있다. 이렇게 되면 상관성이 우수한 레이저를 쉽게 만들 수 있다.

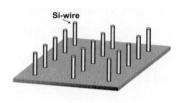

수직 배열되어 합성된 나노선의 예.

일반적으로 나노선은 속이 차 있지만 속이 비어 있는 나노튜브라는 구조가 있다. 탄소나노튜브가 그 대표적인 예이지만 탄소나노튜브 이외에도 붕소-탄소 나노튜브, 질소-탄소나노튜브, 텅스텐-황나노튜브 등 다양한 형태의 나노튜브가 존재한다. 탄소나노튜브는 1991년 일본 이지마 박사가 처음 발견한 구조로서 흑연 한 층을 둘둘 말아 만든 형태와 같다. 직경이 나노크기여서 탄소나노튜브라 부르며, 현존하는 나노소재 중 특성이 가장 잘 알려져 있고 응용성이 강한 재료로 나노기술 분야에서 선두주자 역할을 하고 있다.

실험실에서는 어느 정도의 대량합성이 이루어지고 있고 탄소나노튜브 분말을 파는 회사가 전 세계적으로 산재해 있다. 탄소나노튜브는 전기방전법이라는 비교적 간단한 방법으로 흑연 분말을 니켈, 철, 코발트 등과 같은 소량의 전이금속과 혼합하여 전기방전시켜 만든다. 이때 중요한 것은 전이금속의 함량인데, 탄소나노튜브의 수율(收率)을 결정한다. 이 방법은 간단한 반면 하루에 수십 그램 이상을 만들기가 힘들다. 그 이후에 개발된 방법은 레이저 증발법으로 역시 흑연분말과 소량의 전이금속 혼합물을 덩어리로 만든 다음 레이저를 쪼여 덩어리를 증발시켜 탄소나노튜브를 합성한다. 이 방법 역시 한번에 한 덩어리 일부를 태워 만드는 것으로 공장에서 대량합성으로 제조하기에는 문제가 있다. 기존 탄소나노튜브 판매 회사들은 위 두 가지 방법으로 탄소나노튜브를 생산하고 있다.

또 한 가지 방법은 열분해법으로 탄소를 포함한 기체나 액체에 전이금속과 함께 열을 가해주면 탄소가 분해되면서 탄소나노튜브가 만들어진다. 이 방법은 액체나 기체를 계속 공급하면 탄소나노튜브를 연속적으로 만들 수 있어 대량생산이 가능하나 아직까지 수율이 높은 연속적인 공정을 찾지 못하고 있다. 여기서 주의해야 할 것은 탄소나노튜브는 단층, 이중층, 다층(여러 층이 동심 축을 이루고 있음) 등 종류가 많고 쓰임새가 다 다르다는 점이다. 열분해법으로 다층 탄소나노튜브는 대량합성할 수 있지만 단층 탄소나노튜브의 대량합성법은 아직까지 찾아내지 못하고 있다. 탄소나노튜브의 산업화를 위해서 꼭 해결해야 할 문제인데 원리적으로 가능하고, 많은 연구자가 매달려 있으므로 곧 답이 나오리라 예상된다. 아마 이 책이 나올 때쯤이면 이미 해결되어 있을지도 모르겠다.

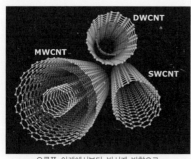

오른쪽 아래에서부터 반시계 방향으로
단층 나노튜브, 이중층 나노튜브, 다층 나노튜브.

탄소나노튜브는 여러 가지 장점이 많은 나노소재이다. 구조적으로는 단층 탄소나노튜브는 직경이 수 나노이고 다층 탄소나노튜브는 직경이 수십 나노이다. 길이는 수 마이크로미터 이상으로 길이 대 직경비가 수천 혹은 수만 이상이 된다. 또 구조적으로 탄소가 육각형을 이루고 있어 흑연의 구조와 같이 안전하며 열전도율도 흑연과 비슷해 아주 좋다. 직경이 작고 길이가 뾰족한 성질은 곧 전자방출소자용 전극으로 쓸 수 있고, 이 성질은 예를 들면 차세대 표시소자인 전계방출 디스플레이에 응용이 가능하고 현재 삼성 SDI가 세계의 선두주자로서 탄소나노튜브를 이용한 전계방출 디스플레이 상용화에 박차를 가하고 있다.

탄소나노튜브의 가장 두드러진 특징 중 하나는 감긴 형태(chirality)에 따라 전기적으로 금속성과 반도체성을 가진 탄소나노튜브로 분류할 수 있다는 것이다. 또 반도체성 나노튜브라도 직경이 줄어들면 에너지 갭이 커진다. 금속의 성질을 이용하면 전자기파 차폐제로 쓸 수 있고 각종 미세소자에서의 전선으로도 쓸 수도 있다. 반도체 성질을 이용하면 트랜지스터를 만들 수도 있고 크기가 작은 것을 이용하면 고집적 메모리소자 설계에 응용할 수도 있다. 또 탄소원자가 모두 표면에 노출되어 다른 물질에 비해 표면적이 상대적으로 커 고감도 기체 센서나 감지기로 쓸 수 있다. 큰 표면적은 전하를 가두기 쉽기 때문에 커패시터, 전지, 연료전지 등으로 응용도 가능하다. 속이 비어 있어 그곳에 다른 물질을 채울 수 있는데 수소 저장 용기로도 쓸 수 있고 인위적으로 일차원적인 구조물을 나노튜브 안에 채워 나노구조물로 만들 수도 있다.

직경이 작고 뾰쪽한 성질을 이용하여 나노크기의 침도 만들 수 있다. 이 침으로 살아 있는 세포 내에서 반응을 인위적으로 조작하고 어떤 반응이 일어나는 가도 알아낼 수 있으며 주사전자현미경의 고성능 탐침도 만들 수 있다.

크기가 작고 분말로 존재할 수 있기 때문에 다른 종류의 분말과 섞어 그 분말의 물리·화학적 성질을 변형시킬 수 있다. 예들 들면 페인트와 섞으면 페인트의 접착력을 향상시킬 수 있고, 고분자와 섞으면 고분자의 전기전도성이나 역학적인 강도를 크게 향상시킬 수 있다. 이런 종류의 복합체 응용은 끝이 없다.

나노구조물을 만드는 데 나노크기의 구멍을 이용하는 예가 많다. 이런 재료를 나노동공(nanopore)으로 구분하는데 탄소나노튜브도 이런 의미에서 나노동공 재료로 분류할 수 있다. 일반적으로 나노동공 재료로는 지올라이트나 알루미나가 대표적인 예이다. 지올라이트는 1나노 정도의 동공을 가질 수 있

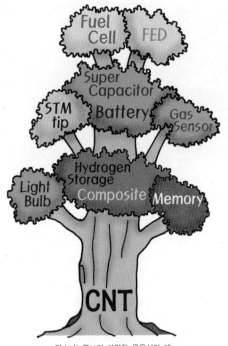

탄소나노튜브의 다양한 응용성의 예.

고 재료에 따라 동공의 크기가 다르다. 또 금속이온이나 촉매 이온을 내부에 넣을 수 있는데 나노재료를 동공 속에 넣어 각종 나노재료를 만들 수 있다. 구멍이 있는 알루미나는 알루미늄을 인산이나 황산 등의 강산 속에서 전기화학분해시켜 만드는데, 구멍의 크기를 10나노까지 줄일 수 있고 구멍 사이의 간격도 조절할 수 있다. 길이는 수 마이크로까지 수직으로 뚫을 수 있다. 규칙적으로 배열된 구조를 갖기 때문에 다공성 알

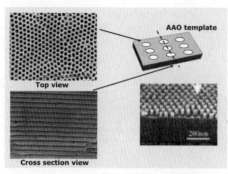

나노크기의 규칙적인 구멍을 가진 다공성 알루미나 윗면 및 단면의 전자현미경 사진.

루미나 자체를 광결정(photonic crystal)에 직접 쓸 수 있고 금속이나 반도체 나노선을 합성하는 데 쓸 수도 있다. 또 탄소나노튜브도 촉매 없이 다공성 알루미나 벽에 성장할 수도 있다.

이 방법의 장점은 성장한 재료자체가 이미 수직 방향으로 배열되어 있어 알루미나만 선택적으로 없애주면 성장한 나노재료를 다른 종류의 소자에 직접 응용할 수 있다는 것이다. 탄소나노튜브는 내부가 비어 있어 각종 물질을 내부에 채워 넣을 수 있다. 따라서 직경이 수 나노인 일차원적인 재료를 채운 다음 탄소나노튜브를 없애면 직경이 다른 각종 나노선을 만들수 있다.

이외에도 크기가 100나노 이하인 모든 생물학적 재료를 나노재료에 포함시킬 수 있다. 단백질, DNA, RNA가 여기에 들어간다. 위의 재료들은 이미 생물학적으로 존재해 있지만 일종의 정제과정을 거치면 원하는 종류를 얻을 수 있다. DNA를 이용한 컴퓨터에 대한 개념은 이미 1994년 컴퓨터과학자인 레오나드 아울만에 의해 제안된 바 있다. 이는 기본적으로 네 개의 염기서열(아데닌, 티민, 구아닌, 시토신)에 의해 방정식을 푸는 방법으로 수많은 DNA를 쓰고 지우고 하기 때문에 많은 양의 DNA가 필요하지만 자연에는 수많은 DNA가 있으므로 염려할 필요는 없다. 또 이러한 DNA의 염기배열을 이용해, 원하는 질병의 염기서열을 기판에 배열해놓고 검사하고자 하는 DNA와 반응하는가를 보면 그 질병의 감염여부를 알 수 있어 DNA 감지기나 센서로 쓸 수 있다. 이러한 방법을 활용하면 피 한 방울로 모든 종류의 질병을 알아낼 수 있다.

반도체 기능(전기를 흐르게 하고 억제하는 스위치 기능)을 나타내는 최소단위가 분자의 크기까지 줄어들고 있다. 예를 들어 많은 유기 분자는 크기가 2나노로 중간에 벤젠 모양의 고리를 갖고 있다. 이 벤젠고리에 산소가 흡·탈착되면서 산화·환원 반응이 반복되어 전류를 흐르게 하기도 하고 억제하기도 한다.

이 과정을 가역적으로 반복할 수 있으면 반도체소자로 응용할 수 있다. 학자들은 어떤 재료가 기존의 반도체소자가 갖고 있는 기능을 최대로 발휘하는가를 찾고, 이러한 기능을 DNA가 갖고 있는가에 대해서도 연구를 계속하고 있다. 이 연구에서 가장 어려운 점은 기존의 금속 전극과의 연결부분의 저항을 제어하는 부분이다. 이 부분에 관한 연구도 지금 한창이다.

나노의 특성

위에서 언급한 것처럼 재료의 크기가 나노로 내려가면 이제까지 우리가 경험해보지 못했던 새로운 현상이 나타난다. 나노의 특성은 때로는 우리에게 이로운 점으로 나타나지만 때로는 해결할 수 없을 정도의 골칫덩어리를 제공한다.

그러나 과학자들은 '도전한다 고로 나는 존재한다.'라고 말하는 집단이다. 그들에게는 골칫덩어리가 곧 커다란 생명력으로 작용한다. 실험할 때 예상치 않은 결과가 나오면 고민하고 설명하려고 애쓴다. 나노의 세계는 이런 의미에서 과학자들에게는 천국인 셈이다.

크기가 작아지면 나타나는 중요한 현상이 양자효과다. 작은 크기의 재료에서 전자의 행동양식은 매우 다르다. 전자도 큰 운동장에서는 운동장을 의식하지 않고 제 맘대로 뛰어논다. 고전적으로 생각해도 이치에 맞다. 소형차 안에서 달리기를 할 수 있을까? 좁은 차 안에 갇혀 있으면 운동의 형태도 당연히 제약을 받는다. 고작 목을 좌우로 흔드는 정도, 발을 구르는 정도일 것이다.

이런 현상은 물질파의 개념을 도입하면 이해가 쉽다. 물질파의 개념이란 모든 운동하는 물체는 파동운동을 한다는 것이다. 즉, 운동량 p(=질량×속력)로 운동하는 물체의 파장은 운동량에 역비례한다. 박찬호가 던지는 시속 150km의 야구공의 운동은 질량이 너무 커서 파장이 우리가 관측할 수 있는 양보다 훨씬 작아져 감지할 수가 없다.

전자가 유한한 크기의 상자에 갇혀 있으면 전자의 에너지는 상자 크기(전자가 갇혀있는 물체의 크기)의 제곱에 반비례한다. 상자의 크기가 100나노 이하이면 전자의 에너지가 상당히 커져 측정이 가능해진다. 이제 상자에 갇힌 전자의 운동을 상상해보자. 전자는 파동운동을 하기 때문에 파동이 상자의 크기와 특별한 조건을 갖출 때만 허용하는 운동을 한다. 파동의 골이 상자의 벽에 일치하면 전자는 상자의 벽에서 반사되어 같은 운동을 반복할 수 있고 그렇지 않을 때 파(전자의 운동)는 벽에서 소멸된다.

전자가 갖는 에너지는 운동량의 제곱에 비례하고 운동량은 파장에 역비례하기 때문에 에너지는 파장의 함수이고 따라서 제한된 파만 상자 내에 존재하고, 제한된 형태의 전자에너지

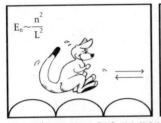

상자에 갇힌 전자의 운동은 상자 안에서 점프하는 캥거루의 운동과 비슷하다.
캥거루의 운동은 특정한 길이의 뜀뛰기 운동만 허용된다.

만 가능하다. 에너지는 더 이상 연속적인 상태가 아니다. 이런
상태를 물리에서는 에너지가 양자화되어 있다고 말한다.

　여기서 전자가 가질 수 있는 양자에너지 사이의 간격은 상
자의 크기, 즉 소자의 크기에 따라 정해진다. 이 간격은 아주
중요하다. 이 에너지 간격이 상온의 열에너지보다 작으면 상
온에서 이런 양자화된 에너지 상태를 관측하기가 어렵다. 이
런 경우 계의 온도를 낮추어 열에너지를 줄이면 양자화된 소
자의 물성을 측정할 수 있다. 또 다른 방법은 소자의 크기를
작게 하여 에너지 간격을 넓히면 상온에서도 이 에너지 간격
을 측정할 수 있다. 이 현상은 나노특성의 가장 기본이 된다.
나노세계에서 나타나는 새로운 현상들은 형태만 바뀔 뿐 원리
적으로는 모두 이 양자화된 현상이다.

　그렇다면 나노재료의 크기가 얼마가 되어야 양자화된 특성
을 측정할 수 있을까? 답은 소자의 형태, 어떤 물리량을 보느
냐에 따라 다르다. 예를 들면 반도체 나노입자의 경우 크기가
작아지면 에너지 양자화 효과에 의해 전자의 구속에너지는 크

기의 제곱에 반비례한다. 이런 현상을 이용하면 같은 재료일지라도 크기를 변화시켜 다른 종류의 빛을 낼 수 있다. 이때 중요한 양은 엑시톤[5]의 직경이고 이 값은 양자효과를 나타내는 크기의 한계를 정하는 중요한 척도가 된다. 즉 입자의 크기가 엑시톤의 직경보다 크면 엑시톤의 운동이 제한받지 않기 때문에 크기에 의한 양자효과를 무시할 수 있다. 그러나 입자의 크기가 엑시톤의 직경보다 작으면 엑시톤의 운동에 영향을 주고 따라서 엑시톤에 의한 광방출 에너지가 달라지게 된다.

예를 들면 CdSe의 덩어리 에너지 갭은 1.74eV이다. 에너지 갭은 발광되는 빛의 색깔을 결정한다. 1.74eV는 붉은색이다. 이제 나노입자의 크기를 1나노까지 줄이면 에너지 갭이 크기의 제곱에 반비례하여 커지기 때문에 푸른색(2.8eV)을 가진 빛을 낼 수 있다. 이 사실은 단순한 것 같지만 가히 혁명적이다. 즉, 기존의 덩어리 반도체는 재료가 정해지면 그 재료에 해당하는 한 가지 색만을 냈지만 이제는 같은 재료로 여러 가지 색을 낼 수 있는 것이다.

양자구조반도체는 양자현상을 이용한 아주 좋은 예로, 실험실에서 분자선증착장치를 이용해 층층이 다른 구조를 쌓아 가장 간단한 양자우물구조를 만들 수 있다. 갈륨비소(GaAs)를 예로 들면, 기판 위에 알루미늄비소(AlAs) 구조를 층층이 쌓고 그 다음 GaAs 구조를 수 나노로 쌓고 그 위에 다시 AlAs를 쌓으면 AlAs는 GaAs보다 에너지 갭이 크기 때문에 GaAs 영역에 전자가 갇히는 퍼텐셜 우물이 만들어진다. 이 우물에 있는 전자는 각 층이 쌓여진 축 방향으로 운동에 제한을 받게 되어 1차원적인 양자구속 효과가 나타난다. 이 경우 GaAs 두께를 적절히 조절하면 다양한 빛을 가진 발광소자를 만들어낼 수 있다. 이런 구조를 만들기 위해서는 에너지 갭이 다른 두 가지 이상의 재료를 사용해야 한다는 단점이 있다. 두 가지 이상의 물질을 겹겹이 쌓는 일은 그리 쉽지 않다. 일반적으로 각 물질은 격자상수라는 격자 간 고유 길이가 있고 물질에 따라 아주 다를 수 있다. 앞에서 설명한 것처럼 두 격자상수 사이의 차이를 변형이라고 하는데 이 값의 차이가 크면 완벽한 결정을 갖는 층으로 여러 층 쌓기가 쉽지 않다. 완벽한 결정을 갖지 않으면 물질의 결함 때문에 각 물질에서 발광되는 빛이 모두 밖으로 나올 수 없다.

그러나 스트레인 문제는 이미 과학자들에게 널리 알려진 문제로 어느 정도 제어할 수 있고 피하는 방법도 있다. 이 분야는 비교적 연구가 많이 된 분야이고 각종 발광 반도체, 레이저 등에 응용되고 있다. 또 양자 우물의 두께를 얇게 하면 양자우물 속에 있는 전자의 운동을 2차원으로 구속할 수 있다. 이 경우 전자의 운동은 3차원의 운동과 달리 운동속도가 빨라진다. 이런 현상은 고속 응답 스위치를 요구하는 소자에 응용할 수 있고 고속 컴퓨터 설계에 응용할 수도 있다.

전자의 흐름, 즉 전류에 의한 크기효과는 보통 평균자유행로라는 값에 의해 정할 수 있다. 평균자유행로는 입자가 충돌

하지 않고 갈 수 있는 최대거리로 전자의 상관길이와 직접 관련이 있다. 즉, 입자의 크기가 상관길이보다 작으면 전자의 흐름에서 양자화 효과가 나타난다. 반도체의 경우 보통 평균자유행로가 50마이크론이니까 수십 나노의 반도체 입자에서도 전자의 흐름에 양자효과가 나타나지만 금속의 경우 이 값이 나노 이하이기 때문에 그렇게 작게 만들기도 어렵고, 만든다 하더라도 아주 낮은 온도를 제외하고는 이 현상이 나타나지 않는다. 이때 나타나는 대표적인 현상은 아주 작은 크기를 가진 입자의 전기전도도가 전압에 따라 연속적이 아닌 규칙적인 계단 형태로 증가하는 것이다. 이것은 입자 내에 있는 전자의 에너지가 특정한 형태로 양자화되어 있음을 의미하고 그 결과 전기전도도가 양자화된 것이다.

이런 현상의 또 다른 형태로 단전자소자라는 것이 있다. 단전자소자는 양자점을 두 금속 사이에 끼워 넣어 전극과 양자점 사이를 약하게 결합시킨 구조이다. 이렇게 하면 전극 양단에 전류를 흘려 전자 하나를 양자점에 가둘 수 있다. 이때 다음 전자를 양자점에 다시 넣기 위해서는 전자와 전자 사이의 정전기적 척력을 이겨야 하는데 양자화된 에너지 간격만큼의 에너지를 가해야 여분의 전자를 양자점에 가둘 수 있다. 이렇게 되면 회로에 흐르는 최소전류단위인 전자 한 개의 흐름을 제어할 수 있는데 그로써 단전자소자라는 이름이 붙혀진 것이다. 왜 전자 한 개의 흐름을 제어할 필요가 있는가?

이는 소자의 발달 이정표를 보면 분명하다. 2014년경에는

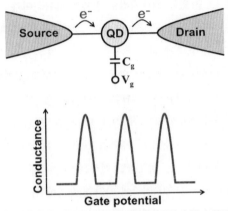

단전자소자의 예 : 한번에 전자 한 개만 양자점을 통해 지나갈 수 있으며,
그때에만 전류가 흐르게 된다.

컴퓨터칩의 최소 트랜지스터 크기가 20나노일 것이라고 예측
한다. 이 크기에서는 소자 스위칭에 8개의 전자가 관여하는데
이때는 단전자소자 원리에 의해 전류를 제어할 필요가 있다.
또한 나노소자에서 나노소자의 성능을 떨어뜨리는 치명적인
요소는 전류소모에 의한 열 방출이다. 따라서 전류를 줄이는
일이 중요하고 이런 의미에서 단전자소자는 아주 적합하다.
전기전도도만 양자화되어 있는 것이 아니고 열전도도까지 양
자화되어 있고 우리가 알고 있는 모든 물리량이 양자화되어
있다고 해도 틀린 말이 아닐 것이다. 다만 지금은 빙산의 일각
만 보고도 좋아하는 것이다.

입자의 크기가 작아지면 덩어리에 비해 표면적이 차지하는
비율이 커진다. 이것은 단점일 수도 있고 장점일 수도 있다.

표면적이 커지면 표면에 결합하지 않는 원자들이 많이 노출되어 불안해진다.

수류탄의 원리가 그렇다. 수류탄 속에는 크기가 작은 금속입자들이 들어 있는데 공기에 노출되면 이들이 공기 중의 산소와 반응하여 열을 방출하게 되어 수류탄이 터지게 된다. 이 경우에는 금속입자표면에 노출되어 있는 원자들이 산소와 쉽게 반응하여 발열반응을 일으키면서 폭발이 일어난다. 크기가 큰 입자들은 상대적으로 표면에 노출된 원자의 수가 적기 때문에 폭발이 일어나지 않는다.

금이나 백금과 같은 촉매 나노입자의 경우 표면적이 넓기 때문에 촉매 효율을 급격하게 향상시킬 수 있다. 또 전기소자로 쓸 경우에는 공기 중 기체가 나노입자에 달라붙어 원래의 기능을 변화시킨다. 그러나 무엇이든 잘 붙는다는 성질과 소자를 통해 흐르는 전류가 외부기체 흡착 유무에 민감하게 반응하는 것을 이용하면 각종 기체의 감지기로 쓸 수 있다. 탄소나노튜브는 기체가 탄소나노튜브 표면에 흡착되면 탄소나노튜브의 전기전도도가 기체의 종류에 따라 크게 변해 기체를 고감도로 선택적으로 구분할 수 있다.

나노 조작의 기술

    나노기술에서 가장 골치 아픈 문제 중의 하나는 나노재료를 조작하여 우리가 원하는 곳에 배열하는 것이다. 모든 물체를 나노크기로 만들면 첫 번째 당면하는 문제가 나노입자 스스로가 엉겨 붙어 나노입자의 특성을 감소시키는 것이다. 그래서 자기조립을 이용해 나노입자를 만들 때 아예 처음부터 표면에 계면활성제와 같은 물질을 부착시키거나 다른 물질로 쌓아버려 엉겨 붙음을 방지하기도 한다.

    이렇게 나노입자를 하나씩 떼어놓았다고 해도 문제가 다 해결되는 것은 아니다. 이들이 우리가 원하는 기능을 갖게 하기 위해서는 원하는 모양대로 배열해야 하는데 이 문제는 진짜 어려운 문제이다. 예를 들어 탄소나노튜브를 생각해보자.

반도체 성질을 띠고 있는 탄소나노튜브는 각각 트랜지스터의 기능을 갖고 있다. 이들을 어떻게 집적화할까? 즉, 어떻게 일정한 간격으로 배열할 수 있을까? 그것도 빠른 속도로 배열해야 한다. 배열이 가능해야 고집적 테라비트급 메모리 같은 것을 설계할 수 있다.

이 문제를 해결해야 한다면 어떤 방법을 상상할 수 있을까? 나노의 세계는 거시세계와 달리 눈으로 볼 수는 없지만 거시세계와 같은 방식의 일들이 일어난다고 상상할 수 있다.

예를 들어 통나무를 물에 띄우면 처음에는 불규칙적으로 배열해 있겠지만 통나무 밀도를 올리면 규칙적으로 배열한다 (물론 통나무 사이에 상호작용이 없다고 가정할 경우이다). 또 한 가지 방법은 통나무 밀도가 낮더라도 물을 한쪽 방향으로 흘려주면 물이 흘러가면서 통나무들끼리 부딪치게 되고 결국은 통나무들이 물 흐름 방향과 평행하게 배열할 것이다. 더 좋은 방법은 물이 흘러가는 통로의 폭을 통나무의 길이보다 짧게 해놓으면 그 짧은 폭을 가진 통로를 지나가는 통나무는 통로의 방향으로 배열되어 지나갈 수밖에 없다. 이때 통로의 바닥에 무엇인가를 붙여놓으면 통나무가 바닥에 고정될 것이다. 혹은 그냥 물의 흐름을 정지시키면 통로에 들어간 통나무가 정지할 것이다. 실제로 이런 방법을 이용하여 탄소나노튜브나 나노선을 배열시키는 연구가 진행되고 있다. 더 좋은 방법은 미리 원하는 통로를 만들어놓고 통로에는 탄소나노튜브가 좋아하는 친수성 물질을 발라놓고 통로 사이에는 소수성 물질을 발라놓는다. 이렇게 되면 소수성 물질이 발라진 곳에서는 탄소나노튜브가 붙지 못해 밀려나오고 친수성이 발라진 곳에만 모여 배열되게 된다. 이런 방법을 이용해 통로를 원하는 방향으로 만들어 행과 열을 반복시킬 수 있다.

나노튜브나 나노선을 배열시키는 또 다른 방법은 전기장이나 자기장을 이용하는 것이다. 예를 들어 나노튜브를 물에 분산시킨 후 두 전극 사이에 분산액을 떨어뜨리고 두 전극 사이에 전압을 가해주면 불규칙적으로 배열되어 있는 나노튜브들이 전기장에 의해 배열되고 전극 가까이에 끌려가 일정한 방향으로 배열되어 붙게 된다. 이런 방법은 현재 많은 사람이 이용하고 있으나 원하는 대로 실험을 재현시킬 수 없는 문제점이 있다. 이것은 실제 응용에서 큰 문제이다. 제품을 만들 때마다 결과가 다르면 제품의 품질을 신뢰할 수가 없다. 이 문제가 해결되지 않으면 이 방법은 시장에 나올 수 없다.

발상을 바꾸어 규칙적으로 배열하는 데 어려움이 많으면 오히려 불규칙적인 무작위 배열을 이용하는 방법이 있다. 시료를 만드는 것은 쉽다. 그냥 뿌려놓으면 되니까. 문제는 그런 배열에서 어떤 유익한 정보를 얻어내느냐 하는 것이다. 사실 우리 두뇌는 아마도 무작위적인 신경 배열로 구성되어 있을 것이고 어떻게든 들어오는 신호를 해석하고 또 적절히 신호를 내보내어 우리 몸을 제어한다. 해답이 여기에 있는지도 모른다. 어떻게 가능할까? 사실 쉬운 문제가 아니다. 아니 솔직히 말해 현재 우리는 이 문제에 해답을 갖고 있지 않다. 아직 그

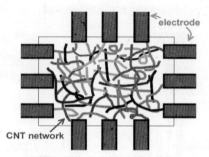

무작위로 배열된 나노튜브에 연결된 논리회로.

릴싸한 상상도 없다. 적어도 아직까지는. 그러나 나는 최소한 다음 세대가 이 문제에 해답을 제공해줄 것이라고 믿는다.

독자들 중 아마도 신문이나 잡지에서 '원자로 쓴 글씨'를 본 사람도 있을 것이다. 그런 일이 나노조작의 좋은 예이다. 어떻게 그런 일이 가능할까? 이 일은 STM(Scanning Tunneling Microscope)이나 AFM(Atomic Force Microscope)이라고 하는 일종의 탐침현미경을 이용한다. STM 장치는 아주 뾰쪽한 금속 탐침을 금속이나 반도체 표면에 가까이 대고 탐침과 표면 사이에 전압을 가하면 전류가 흐르는데 둘 사이의 거리에 따라 다른 전류가 흐르게 된다. 즉, 거리가 가까우면 전류 크기가 커지고 멀면 줄어든다. 이를 이용하면 표면에 원자가 놓인 곳은 어느 정도 튀어나오게 되고 전류가 많이 흐른다. 이것을 표면 전체에 탐침을 움직여가며 전류의 높낮이를 컴퓨터로 기록하면 높낮이의 차이를 곧바로 원자의 위치로 나타낼 수 있다. AFM의 경우는 탐침과 표면 사이에 작용하는 힘을 재기 때문

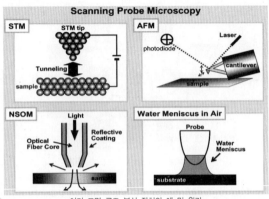

여러 표면 구조 분석 장치의 예 및 원리.

에 꼭 탐침과 표면 사이에 전압을 가할 필요는 없다. STM은 물체가 절연체이면 측정이 어려운 반면, AFM은 어떤 물체이건 두 물체 사이의 힘을 측정해내기 때문에 AFM이 더 범용성이 있다.

초기의 STM과 AFM은 현미경의 기능밖에 없었지만 요즈음은 이 장치를 나노조작에 이용한다. 조작법을 살펴보면 우선 깨끗한 물질 표면 위에 원자를 뿌려놓는다. 탐침을 원자 위에 갖다 놓고 전압을 걸어 원자를 탐침 끝에 붙인 후 원하는 곳으로 이동하여 그곳의 원자를 다시 붙인다. 이 일을 반복하면 원자로 글씨를 쓸 수 있는 것이다. 이렇게 자성체를 조립하면 나노크기의 저장장치를 만들 수 있고 탄소나노튜브를 조립하면 테라비트급 메모리소자도 만들 수 있을 것이다. 이 방법은 원리적으로 나노입자를 조작하는 데에는 문제가 없지만 시간이 많이 걸린다는 것과 아주 작은 면적에서만 작업이 가능하다는 것, 또한 눈으로 확인하면서 작업하기 힘들다는 단점이 있다.

최근에는 이런 단점을 극복하기 위해 탐침이 물체 가까이 갈 때 힘을 증폭시켜 외부의 팔에 연결하여 이 힘을 직접 느끼는 효과를 나타내게 하는 기술도 채택하고 있다. 이 방법에서 탐침을 이동하기 위해서는 피에조라는 압전물질[6]을 이용하는데 이 압전물질이 바로 속도와 이동 범위를 결정한다. 피에조 물질의 단점이 바로 STM의 단점으로 나타난다. 이 단점을 극복하는 방법으로 여러 개의 탐침을 써서 작업하는 방법도 제안되었지만 여전히 해결이 어려울 것으로 보인다.

그렇다면 보통 실험실에서 작업하는 것처럼 핀셋으로 나노입자를 찍어서 옮길 수는 없을까? 이것은 나노의 세계를 영상화시키는 영화에서나 봄직한 이야기이지만 불가능한 것은 아니다. 그러기 위해서는 우선 핀셋의 크기가 나노크기가 되어야 한다. 이는 쉬운 문제가 아니다. 최근에는 탄소나노튜브 두 가닥을 이용해 나노집게를 만든 연구결과도 있다. 탄소나노튜브 두 가닥을 수백 나노로 떼어놓고 전극을 통해 두 탄소나노튜브 사이의 거리를 전압으로 조절해 집게처럼 사용한다는 것이다. 이렇게 나노집게를 만들면 전자현미경 속에 장착하여 현미경을 통해 나노입자를 보면서 조작할 수 있다.

이 방법은 직접 보며 나노집게로 작업할 수 있어 거시세계에서의 실험실 작업과 비슷하다는 편리한 점은 있지만 나노집게를 사방으로 이동하기 위해서는 STM과 같이 여전히 피에조 물질을 사용해야 하기 때문에 속도와 작업공간에 대한 제한은 그대로 남게 된다. 위의 방법은 대량생산과 같은 공장 개념에 적용할 수는 없지만 실험실 수준에서 개별 소자를 만들고 특성을 측정하는 데는 별 문제가 없어 당분간은 이 방법에 의존할 수밖에 없다. 이 분야의 발전은 나노기술을 산업화하는데 직결되어 있어 혁신적인 패러다임의 변화가 필요하다. 젊은 과학기술자의 독창적인 생각이 절실히 필요한 분야이다.

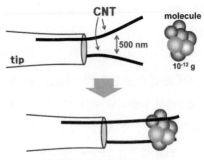

나노집게로 나노입자를 움직이는 예.

위의 나노집게를 MEMS(Micro Electro Mechanical System)[7]기술에 접목해 나노집게를 제어하는 구동회로에 붙이면 소형로봇이 될 수 있다. 이런 소형로봇은 공상영화에서처럼 혈관을 타고 우리 몸속을 다니면서 막힌 혈관을 뚫는 일을 할 수 있다. 이 얼마나 흥분되는 일인가! 그러나 거기까지 가는 길은 요원하다. 이 분야에서는 아직도 걸음마 단계이다.

나노 측정 방법의 연구

나노재료의 특성을 측정할 때 이제까지의 덩어리 측정 방법을 버리고 나노크기에 맞는 새로운 측정방법을 개발해야 할까? 그렇다면 큰 문제가 되겠으나 다행스럽게도 많은 경우 기존의 방법을 그대로 쓸 수 있다. STM이나 AFM과 같은 장치는 원래 나노해상도를 가지고 있기 때문에 그대로 사용할 수 있다. 또 새로운 장치를 추가해 기존의 장치를 개선해 사용할 수도 있다. 예를 들어 나노크기 재료의 성분분석을 하는 경우, 투과전자현미경에 저전자에너지손실스펙트럼(EELS)을 부착하면 나노해상도로 나노크기 입자의 구성 성분을 측정해낼 수 있다. 즉, 여러 물질로 구성된 복잡한 나노구조라 할지라도 나노크기의 해상도로 성분을 분석해낼 수 있다는 것이다. 이것은 한 예에 불과하지만 나노기술이 발달됨에 따라 새로운 종류의 나노측정기술이 개발될 것은 틀림없다. 산업적인 측면에서 보면 이 분야가 고부가가치를 창출하는 효자 품목으로 만들어질 수도 있을 것으로 기대된다.

나노해상도가 필요 없는 기존의 장치를 그대로 쓸 수 있는 경우도 있다. 예를 들면 열분해해석장치(TGA)는 시료를 태워 시료 내에 들어 있는 물질의 종류나 상을 알아내는 장치인데 나노재료에서도 그대로 사용할 수 있다. 탄소나노튜브의 경우 비정질탄소, 단층벽탄소나노튜브, 다층벽탄소나노튜브, 금속 등의 함량이 어느 정도 포함되어 있는가를 타는 온도 분석을 통해 쉽게 알아낼 수 있다. 많은 경우 덩어리를 측정하는 장치를 그대로 사용할 수도 있다. 예를 들면 X-선 분광학장치(XPS), 자외선분광학장치(UPS), 적외선분광장치, 라만(Raman)분광장치 등은 나노재료가 파우더의 형태로 존재하면 파우더로 덩어리를 만들어 그대로 사용할 수 있다. 물론 이 경우 나노입자 간 상호작용이 개별 나노입자의 성질을 변화시키지 않는다고 가정하는 경우에만 성립한다. 재미있는 것은 어느 경우에는 나노입자가 덩어리에 비해 측정하기가 더 편한 경우도 있다. 라만분광장치를 예로 들어보자. 일반적으로 라만스펙트럼은 입사단색광을 시료에 쬐어 나오는 산란광을 측정하는 것으로 신호의 크기가 아주 작다. 따라서 시료의 양이 작으면 이 산란광을 측정하기 힘들다. 이 산란광에는 원래 쬐어준 입사광과 다른 에너지를 갖고 있으며 이 에너지가 시료의 특성을

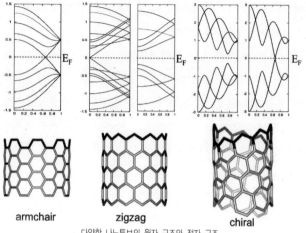

| armchair | zigzag | chiral |

다양한 나노튜브의 원자 구조와 전자 구조.

나타낸다. 탄소나노튜브는 일차원구조를 갖고 있어 전자의 운동이 작은 직경에 의해 제한을 받는다. 따라서 전자상태밀도가 특별한 에너지에서 아주 크게 되고 이 때문에 시료의 양이 적음에도 불구하고 라만 신호가 그 특별한 에너지를 가진 빛을 쬐어 줄 때 증폭되어 나타난다. 이런 상황을 공명에 의한 라만신호 증폭현상이라고 부르는데 덩어리에서는 볼 수 없는 현상이다. 따라서 반드시 시료의 크기나 양이 적다고 측정하기 힘든 것은 아니다.

그러면 나노세계에서 골치 아픈 새로운 문제는 없을까? 모든 물질이 나노크기로 가면 반드시 좋은 일만 있을까? 그러나 세상에는 공짜가 없는 법. 많은 경우 재료의 크기가 작아지면 새로운 특성을 측정하기가 만만치 않다. 이 문제는 전문가들에게 골칫덩어리다. 최근에는 많은 종류의 나노입자가 실험실 수준에서 만들어지고 있다.

그 다음 단계를 놓고 화학자들은 고민한다. 어떻게 새로운 특성을 측정할 수 있을까? 대개는 나노입자를 만들 때 최소한의 응용목표를 설정한다. 물론 응용을 위해서는 특성이 무엇인가를 측정해낼 수 있어야 한다. 기존의 방법을 가지고 특성을 분석하는 것이 가능하면 좋겠지만 많은 경우 그렇지 않은데 문제가 있다.

첫 번째 어려움은 입자의 크기가 작기 때문에 나오는 신호도 굉장히 작아 고감도의 감지기가 필요하다. 즉, 나노소재의 새로운 특성을 측정하기 위해서는 고감도의 전자장치 개발이 우선되어야 한다. 이를 위해서는 작은 신호 속에 들어 있는 잡음을 제거하는 기술이 뒷받침되어야 한다. 따라서 이를 위해서는 전자공학자들과의 공동 연구가 필요하다. 일반적으로 나노소재의 물성이나 나노소자의 특성을 측정하기 위해서는 나노소자와 외부 측정기와 연결이 필요하다. 이 연결부분도 기술적으로 어려운 부분이다. 예를 들면 나노선에 흐르는 전류를 측정한다고 생각해보자. 나노선에 흐르는 전류는 크기가 아주 작아 측정을 위해 고감도의 전류기가 필요하고 작은 전류에 섞여 나오는 잡음을 구분해내야 한다. 잡음을 제거하고 고감도 전류기로 측정을 한다 하더라도 문제가 완전히 해결되는 것도 아니다. 측정을 위해서는 외부회로와 연결해야 하는데 이 부분은 감도를 떨어뜨린다. 더구나 연결 부분은 전류의 변화를 해석하는 데 결정적인 역할을 하지만 이런 부분은 아직 잘 모른다. 생각해보라. 덩치가 컸을 때는 외부회로와 연결한 지점이 측정하고자 하는 대상의 물성을 건드려도 그 효과는 작아 무시할 수 있었다. 그러나 크기가 작아 나노가 되면 더 이상 무시대상이 아니다.

예를 들면 나노소재의 열전도 특성을 보자. 실험을 위해 우선 나노소재에 열을 가해야 한다. 그러나 이 실험은 나노소재를 주위와 열적으로 완전히 분리시켜야 가능하다. 만일 분리가 가능하다면 열이 전달되는 것을 측정하기 위해 외부에서 또 다른 측정용 선을 연결해야 하는데 이 연결선을 통해 열이 다시 빠져나간다는 문제가 발생한다. 빠져나가는 열의 양을 무시할 수 없는 것이다.

생물체에서도 상황은 마찬가지다. 예를 들어 가장 크기가 큰 단위체인 수십 마이크로의 세포만 해도 골치가 아프다. 세포 내에는 온갖 종류의 생화학적이 작용이 일어난다. 세포 내에서 무슨 일이 일어나고 있는가를 아는 것이 생물학의 기본인데 세모 내의 생화학 작용을 파악하기 위해서는 세포보다 크기가 훨씬 작고 세포의 생사에 영향을 주지 않는 주사기가 필요하다. 주사기를 통해 세포에 변화를 주고 동시에 나타나는 생화학적인 변화를 감지해내야 한다. 변화를 주기 위해서는 나노리터 정도의 극소량의 물질을 제어할 수 있어야 한다. 나타나는 신호도 작을 테니 측정이 가능한 고감도의 장치도 필요하다.

나노의 꽃 소자응용

나노과학의 꽃은 응용이다. 나노기술의 응용은 무궁무진하다. 아마도 거의 모든 분야에서 혁명이 이루어질 것이다. 그래서 21세기는 나노기술이 새로운 형태의 산업혁명을 주도할 것이다. 공상과학에 나오는 많은 일이 언젠가는 이루어질 것이다. 그 응용 분야의 몇 가지를 소개하고자 한다.

나노기술의 최대 응용 분야는 생명 분야이다. 요즘은 건강 검진을 받으면 여러 개의 주사기로 피를 뽑아야 한다. 결과가 나오는 데도 며칠에서 몇 주까지 걸린다. 나노기술과 생화학 기술이 결합하면 이 모든 과정이 생략될 수 있다. 모든 종류의 DNA를 검출할 수 있는 생물센서를 만든다면 각종 질병에 관한 피검사를 한 장의 센서로 다 검출할 수 있다. 그러면 한 방울의 피로 샘플을 얻고 그 자리에서 병에 관한 결과를 통보받을 수 있을 것이다. 또 나노크기의 프로브를 세포 내에 꽂고 세포 내의 반응을 제어하고 세포 내에서 일어나는 모든 생화학 관찰을 통해 생명의 열쇠를 풀 수 있을지도 모른다.

재료과학 입장에서 보면 모든 자연의 법칙은 기계적이다. 중력을 무시한다면 거시세계에서 모든 물질의 상호작용을 지배하는 법칙은 전자기학 법칙이다. 원자는 원자핵과 전자로 이루어져 있고 핵 내에는 핵력이라고 하는 강한 상호작용이 있다. 그러나 핵 밖에서는 양성자와 전자의 상호작용에 의해 원자라는 것이 생겨나고 원자와 원자의 전기적인 상호작용에 의해 분자라는 것이 만들어지고 그런 분자가 조금 더 복잡하게 결합되면 DNA라는 것도 된다. 그러면 어느 단계에서 생명이라는 개념이 도입될까? 아직까지는 생명이라는 용어는 우리의 무지에서 오는 미사여구일지 모른다. 설명할 수 없는 경우 우리는 적당한 용어를 사용하여 무마해버린다. 언젠가 나노과학이 꽃을 피우게 되면 생명이라는 용어 대신 우리가 좀 더 이해할 수 있는 말로 생명을 설명할 수 있을지 모른다. 아니면 우리가 지금의 지식으로 이해할 수 없는 또 다른 종류의 에너지가 존재하는지는 그때 가봐야 한다. 어쨌든 과학자로서 그보다 더 흥분되는 일은 없을 것이다.

어디 그뿐인가? 단전자소자가 개발되고 양자소자를 이용한 양자컴퓨터가 나오면 전산속도는 지금과 비교되지 않을 만큼 빨라지게 된다. 고성능 로봇의 두뇌가 좋아지고 공상영화에서 보았던 것처럼 기능성 로봇이 많은 노동을 대신하게 될 것이다. 우주탐사도 직접 로봇을 보내 원하는 정보를 얻어 우리에게 직접 송신할 수 있을 것이다. 이렇게 되면 해저 탐사도 더 이상 꿈이 아닌 현실로 다가온다. 정보통신 분야에서도 혁명이 일어날 것이다. 통신 속도가 빨라지면 사무실에 앉아서 전 세계 사람과 영상회의를 실시간으로 진행할 수 있다. 나노기술이 연료전지장치에 혁신을 가져오면 핵발전소, 화력발전소 대신 소규모 연료전지가 각 가정, 공장의 에너지를 담당할 것이다. 가까운 시일 내에 연료전지를 탑재한 전기자동차가 출현할 지도 모른다. 그러면 인류의 지겨운 공해 전쟁이 끝이 나고 지구는 더 푸르러질 것이다.

그러나 위의 내용이 실현되려면 많은 시간이 필요하다. 앞으로 5년 내지 10년 동안 과학자들이 할 일은 이런 일을 실현하기 위한 기초를 다지는 일이다.

다음에 설명하는 기술은 지금까지 진행되어온 혹은 앞으로 10년 동안 진행될 나노기술이다. 필자의 연구경험을 바탕으로 탄소나노튜브를 중심으로 그 응용 분야를 기술하고자 한다.

나노촉매

우선 나노재료를 만들어 돈을 벌 수 있는 일부터 생각해보자. 입자의 크기가 나노 정도가 되면 표면적의 비율이 부피에 비해 커진다는 것은 앞서 말한 바 있다.

이러한 원리로 백금이나 팔라디엄 같은 귀금속 촉매 입자를 나노크기로 만들어 촉매 효율을 향상시킬 수 있다. 덧붙여 설명하자면 촉매라 함은 표면에서 기체를 분해시키는 능력이 있는 재료를 말하는데 기체를 분해시킨 이후에도 자신의 성질은 변화되지 말아야 한다. 기체를 분해시키는 능력이 좋은 것은 효율이 좋다고 하는데 표면적이 크면 기체와 반응하는 면적이 넓어 촉매 효율이 증가한다. 즉, 촉매 효율이 높으면 적은 양의 촉매로도 많은 양의 기체를 분해시킬 수 있다. 귀금속 촉매입자에 나노기술을 도입하면 적은 양의 촉매로 효율을 최대로 올릴 수 있다. 또한 이런 촉매를 자동차 배기통에 설치하면 일산화탄소, 질소산화물, 황산화물 등과 같은 유해물질을 분해시켜 물, 탄산가스 같은 무공해 물질로 변화시킬 수 있다.

나노기술을 도입해 신기술을 이룰 수 있는 분야가 바로 자동차이다. 지구의 화석연료는 2025년이면 바닥이 난다. 이때쯤 되면 가솔린을 쓰는 모든 자동차를 쓸 수가 없게 된다. 따라서 전기자동차로 대체하거나 비화석연료를 쓰는 자동차를 개발해야만 한다. 전기자동차는 말 그대로 전기를 이용하여 동력을 전하는 것으로 충분한 용량을 가진 배터리를 차에 싣고 달리면 된다. 전기가 소진되면 가스충전소처럼 전기를 충전하여 다시 달리면 된다. 그러나 여기에는 실현하기 어려운 두 가지 문제가 있다. 한 가지는 배터리 자체의 전기저장능력이 작아 굉장히 많은 양의 배터리를 탑재해야 하는 점이고 또

한 가지는 충전하는 데 시간이 많이 걸린다는 점이다.

이를 해결하기 위한 한 가지 방법으로 반도체 나노입자를 이용하거나 탄소나노튜브를 이용해 기존 배터리의 용량을 증가시킬 수 있다. 실리콘, 주석 등과 같은 나노재료는 그 표면에 많은 양의 기체나 이온을 부착시킬 수 있다. 예를 들면 리튬이온전지의 경우 실리콘 입자를 기존 음극에 첨가하면 리튬이온을 많이 포획할 수 있어 리튬 저장능력을 향상시킬 수 있다. 그러나 리튬이온이 실리콘 입자에 부착되면 실리콘 입자의 안정성이 바뀌어 수명이 감소될 수 있다. 이 분야는 더 많은 연구가 필요한 분야이다. 또 음극에 흑연을 100% 쓰는 대신 탄소나노튜브를 일부 섞으면 용량과 수명이 향상된다. 이 연구는 이미 상용화 단계에 들어서고 있다.

이 방법이 어려우면 자동차 안에서 직접 전기를 생산하는 방법도 있다. 이를 위해 대두된 방법이 연료전지이다. 연료전지는 수소나 알코올과 같이 수소를 포함한 재료와 산소를 결합시켜 전기를 생산한다. 수소나 알코올을 분해해 수소이온을 얻기 위해서는 촉매가 필요한데, 촉매의 효율을 높이기 위해 나노크기 정도의 촉매를 만들면 재료의 무게당 표면적이 넓어 촉매 효율을 높일 수 있다. 이렇게 촉매의 효율이 올라가면 사용한 촉매의 양을 줄일 수 있다.

현재 연료전지를 이용한 전기자동차의 경우 연료전지 값이 자동차 값의 10배가 넘는데 알코올을 재료로 하는 연료전지 중 절반 정도가 촉매가격이라는 것을 감안하면 촉매의 효율을 높이는 일이 얼마나 중요한가를 알 수 있다.

또 한 가지 중요한 사실은 촉매가 전극 위에 골고루 퍼져 있게 하기 위한 특별한 전극재료가 필요하다는 것이다. 아무리 좋은 나노촉매를 만든다 해도 전극에 담지시킬 때 자기들끼리 엉겨 붙으면 촉매로 작용하는 표면적이 줄어들어 나노촉매로 만든 노력이 헛수고가 된다. 엉겨 붙는 것을 방지하기 위해서는 특별한 전극재료가 필요하다.

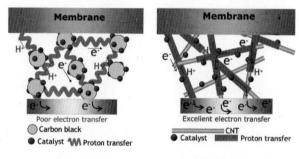

촉매입자가 분산된 탄소 나노구조체로 구성된 연료전지 전극.

기존의 탄소재료 이외에도 탄소나노튜브와 같은 재료를 이용하면 전극의 저항을 줄일 수 있을 뿐 아니라 촉매의 엉겨 붙음도 방지할 가능성이 있다. 말하자면 촉매 효율을 높이고 촉매입자를 잘 분산시키고 촉매 담지전극의 저항을 줄여야 연료전지를 실용화할 수 있다. 이 분야는 현재 전 세계 과학자의 주요 연구 대상이다. 이 문제 해결은 화석 연료의 유한성 문제와 화석연료 사용으로 인한 공해 문제를 푸는 열쇠가 될 것이다.

여기서 한 가지 더 설명하자면 나노입자는 표면적이 넓어 반응성이 크다. 알루미늄 입자의 경우 표면적이 넓어 공기 중에서 급격하게 발열반응을 하게 된다. 촉매와 다른 점은 반응하면서 자신의 상태가 변하는 것이다. 양이 많은 경우 이 반응을 제어하지 않으면 폭발하게 되고 위험해지는데 이 원리를 이용해 만든 것이 수류탄이나 폭탄이다. 적절한 양의 금속이 나노입자를 밀폐시켰다가 수류탄 핀을 제거해 공기 중에 노출시키면 폭발이 일어난다.

나노발광입자

앞에서 언급한 것처럼 반도체 재료를 나노크기로 줄이면 한 가지 재료를 가지고도 크기에 따라 여러 가지 색깔의 빛을 낼 수 있다. 나노입자는 주로 계면활성제와 함께 액상 반응에 의해 얻어지기 때문에 액상으로 용기에 보관하면 나노입자가 안정되어 각종 발광소자로 쓸 수도 있다.

이 재료를 생물체에 응용해 나노입자 표면에 원하는 단백질을 붙이면 단백질 표시기로 쓸 수 있다. 다른 종류의 단백질을 다른 크기의 나노입자에 부착시키고 자외선을 쬐어주면 방출되는 색깔을 보고 어떤 단백질인가를 알 수 있는 것이다. 이는 기존의 유기발광체나 형광체를 사용한 것과 비교해볼 때 나노입자의 상태가 변하지 않아 빛이 계속 나오기 때문에 유리하다.

DNA센서로도 쓸 수 있다. 예를 들어 크기가 다른 나노입자에 이미 알고 있는 적절한 DNA를 부착, 배열시킨 후 모르는 DNA에 가져갔을 때 염기배열이 맞아 그곳에 부착되면 그때 발광되는 색을 보고 모르는 DNA의 염기배열을 알 수 있다.

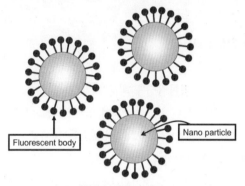

형광체가 부착된 나노입자.

이러한 일은 생물에서 아주 중요하다. DNA나 단백질의 반응이 일어나는 것을 알기 위해 형광물질을 부착시키는데 나노발광입자가 이런 일을 대신할 수 있다. 이런 입자를 세포 내에 가져가면 세포 내에서 장시간 동안 어떤 반응이 일어나는가를 알 수 있어 아주 유용한 정보를 얻을 수 있다.

약물 전달에 나노입자를 이용할 수도 있다. 우리가 먹거나 주사하는 약을 몸속 원하는 곳에 전달하기 위해서는 용매 내에 약의 농도를 최대화하고 약들이 서로 엉겨 붙지 않도록 해야 하는데, 나노입자를 사용할 수 있다. 나노입자 표면은 약과 결합할 수 있는 반응 자리가 많아 많은 약을 부착시킬 수 있는데 이로써 자기들끼리 엉겨 붙는 것을 방지할 수 있다. 따라서 용매 내에 약의 농도를 증가시킬 수 있다. 이 경우 나노입자는 인체에 무해한 재료를 선택해야 하고 발광을 하지 않아도 된다.

상온작동 단전자소자

소자의 크기가 작아질수록 회로 내 전자의 흐름으로 인한 열 발생에 의해 회로 신호에 잡음이 인가될 확률이 높아지게 된다. 가장 이상적인 방법은 회로에 흐르는 전자의 수를 줄여 열 발생을 줄이는 것이다.

그러면 회로에 흐르는 전자의 수를 얼마까지 줄여야 할까? 물론 하나까지 줄이면 더할 나위 없을 것이다. 여기서 전자 하나씩 검출해내는 전류계 감도도 개선해야 하지만 어떻게 전자를 하나씩 흘려주느냐가 더 급한 문제이다. 이를 위해서는 나노입자 하나를 두 전극 사이에 어느 정도 거리를 두고 떼어놓으면 단전자소자를 만들 수 있다.

나노입자는 크기가 충분히 작아 전자의 운동이 제약을 받게 되면 양자점이 되고 이에 따른 양자에너지 준위가 나타난다. 두 전극을 통해 양자점에 전류를 흘려주면 양자에너지 준위에 전자 하나를 가둘 수 있는데 또 다른 전자 하나를 흘려주기 위해서는 그 다음 양자에너지 준위에 해당하는 에너지와

두 전자 사이에 작용하는 전기적인 반발력 이상에 해당하는 에너지를 주어야 한다. 두 양자 준위의 에너지 차이는 열에너지보다 충분히 커야 구분이 가능하다. 말하자면 상온의 열에너지보다 충분히 커야 상온에서 작동하는 단전자소자를 만들 수 있다. 일반적으로 양자점을 수 나노로 줄이기 힘들기 때문에 상온 작동 단전자소자를 만들기가 쉽지 않다. 수 나노 이하가 되는 안정된 나노입자를 크기가 일정하도록 만들면 모두 여기에 사용할 수 있다.

물론 원하는 곳, 즉 두 전극 사이에 정확히 가져다 놓는 것은 또 다른 문제이다. 단위소자의 입장에서 보면 실험실 수준에서 상온 작동 단전자소자를 제작했다는 보고는 여러 번 있었지만 아직도 집적회로를 제작하는 길은 요원해 보인다.

나노자성체 메모리

자성체를 나노입자로 만들면 고밀도의 자성메모리를 얻을 수 있다. 나노크기의 자기메모리는 소형의 메모리 단위체 하나로 대학 도서관 전체의 정보를 담을 수도 있다.

사실 자기메모리 분야에서는 이미 나노의 세계가 열리고 있다. 노트북 컴퓨터에 내장되는 15GB의 용량을 가진 HDD의 경우 최소정보기록단위인 1비트의 자기덩어리가 이미 수십 나노의 폭을 가지고 있다. 이렇게 작은 자기덩어리에서 나오는 변화값은 그 크기가 굉장히 작아 읽기가 쉽지 않을 뿐만 아니라 새로운 문제를 발생시킨다.

자기기록매체의 자기덩어리의 크기가 작아지면 외부로 새는 자속이 많아지고 이 때문에 자성체 내부에서는 원래의 자기장을 줄이려는 반자기장이 발생한다. 이 현상을 막기 위해서는 두 자성체 사이에 얇은 절연층을 넣어 반자기장의 발생을 막는다. 아래 판은 전자스핀 방향이 오른쪽으로 배열되고 위판은 왼쪽으로 배열되면 밖으로 빠져나가는 자기장이 서로 상쇄되는 효과를 보게 된다.

이런 구조 속에 어느 한쪽으로 배열되어 있는 전자가 입사되면 같은 방향으로 정렬되어 있는 영역에서는 다른 전자와의 산란이 일어나지 않지만, 반대쪽 스핀 영역에 입사되면 반대 스핀을 가진 전자와 산란하게 되어 시료 내에서 전기 저항이 커지게 된다. 이 자기저항값이 아주 크기 때문에 이 현상을 거대자기저항이라 부른다. 이렇게 전자 자체보다는 전자가 갖고 있는 스핀을 이용하여 전자의 흐름을 제어하는 것을 일반적으로 스핀트로닉스라고 부른다. 이 분야는 아주 흥미롭다. 이제까지 소자를 제어하는 단위체가 전자였다면 앞으로는 전자의 스핀이 소자를 제어하는 최소단위체가 되는 것이다. 이런 개념을 이용한 소자가 앞으로 시장에 많이 나올 것이다.

나노선

지금까지 만들어진 나노선은 직경이 수십 나노 혹은 수백 나노인 금속선이나 반도체선이다.

이들의 용도는 무한히 많겠지만 아직까지 찾아낸 응용은 극히 단편적이다. 예를 들면 반도체선의 경우 지금까지 재료는 전부 산화물 반도체이다. 산화물 반도체는 일반적으로 에너지 갭이 커서 자외선 영역의 빛을 낸다.

이런 나노선을 기판 위에 수직으로 배열하고 빛을 내도록 만들어주면 자외선 레이저를 만들 수 있다. 이런 나노선의 직경을 수 나노로 제어하면 레이저의 파장을 바꿀 수 있다. 또 나노선은 표면적이 넓어 여러 종류의 기체를 표면에 붙일 수 있고 나노선 하나하나를 전극에 연결하여 도선에 흐르는 전류를 측정하면 각종 기체의 센서로 쓸 수 있다. 이 경우 다른 종류의 기체를 선별하는 기술이 열쇠이다. 나노크기의 소형 도선에 소량의 기체도 감지할 수 있는 센서는 여러 분야에 응용될 수 있을 것이다. 또 나노선을 한 가지 재료로 만들지 않고 에너지 갭이 다른 여러 가지 재료를 연결해 만들면 나노바코더를 만들 수 있다. 이 바코더 각 부분은 서로 다른 빛을 내기 때문에 빛을 이용하여 읽을 수 있다.

DNA 및 유기단분자 소자

실리콘을 단위소자로 한 컴퓨터 개발이 20세기 전자시장을 주름잡았지만 2015년 이후에는 그 한계에 부딪힐 것으로 예상하고 있다. 따라서 2015년 이후의 단위소자를 찾는 것은 우리에게 주어진 숙제이고 다음 세대를 위해서도 꼭 해결해야 할 당면과제이다. 지금 당장은 어렵더라도 실마리 정도는 제공해야 한다. 이를 위해 현재 과학자들은 다양한 재료를 시험하고 있다.

컴퓨터를 설계하는 공학자들의 꿈이 가능한 한 인간을 닮은 컴퓨터를 만드는 것이다 보니 생각해낸 것이 생물학의 가장 기본단위인 DNA를 이용하는 것이다. 과연 DNA가 트랜지스터의 기본 단위가 될 수 있을까? 이를 위해서 기존의 실리콘 소자에서 하는 것처럼 DNA 한 가닥 양쪽에 전극을 붙여놓고 전류/전압 곡선을 그려본다. 일반적으로 DNA는 절연체일 것으로 추정하지만 그렇게 간단하게 결론짓기가 어렵다.

몇몇 연구 결과에 의하면 게이트에 의해 전류가 제어되는 특성이 기존의 실리콘 소자와 비슷하다고 보고되었는데 여기에는 몇 가지 함정이 있다. 예를 들면 우선 DNA와 전극으로 쓴 금속과의 접합에서 어떤 일이 일어나는가에 관해 아는 바가 없다. 접합문제는 기존 반도체소자에서도 아주 중요한 부분이다. 어떤 경우는 접합의 성질이 소자의 성질을 결정해버린다.

또 하나의 어려운 점은 DNA는 살아 있는 단위체라는 점이다. 즉, 소자에 연결하기 위해 공기 중에 노출하는 순간 더 이상 두 가닥의 꼬인 구조는 안정된 구조가 아니다. 따라서 DNA를 통해 전달되는 전자의 운동도 DNA와 별 관계가 없다. DNA의 전자 수송 현상을 위해서는 수용액 속에서 실험을 해야 하는데 전극을 절연해야 하는 기술적인 어려움 때문에 실험 자체가 그리 만만하지는 않다.

또 하나의 방법은 DNA의 두 가닥이 꼬이는 데 특별한 규칙이 필요하다는 사실을 이용하는 것이다. DNA는 4개의 염기서열(아데닌, 티민, 구아닌, 시토신)에 굉장한 양의 데이터를 저장할 수 있고 자연적인 효소는 이 정보를 고도의 방법으로 조작한다. 1994년 컴퓨터 과학자 레오나드 아을만이 처음으로 이 접근방법의 장점을 강조했다. 우선 DNA를 용매에 화학적으로 푼다. 개개의 DNA 분자는 두 점 사이의 모든 가능한 경로를 기록한다. 몇 번의 분리와 증폭단계를 거쳐, 아을만은 나쁜 경로를 모두 뽑아 없앴다. 예를 들어 포함하지 않아야 될 것을 포함하는 DNA는 올바른 DNA가 남을 때까지 이 일을 계속한다. 다룰 수 없는 문제를 풀 수 있는 DNA의 장점에도 불구하고, 아직도 염기쌍의 불일치에 의한 오차와 간단한 계산을 위해 엄청난 수의 DNA가 필요하다는 문제가 남아 있다. DNA 계산은 나중에는 다른 종류의 나노전자소자와 합쳐져 나노선이나 나노튜브에 의한 집적 및 감지에 이용될지도 모른다.

DNA 외에도 유기단분자를 전자소자 단위체로 사용하자는 생각이 제안되었다. 각 분자는 폭이 0.5나노이고 길이가 1 혹은 몇 나노이다. on/off스위치를 작동하여 컴퓨터 메모리로 작동할 수 있는데 한번 켜지면 약 10분 가량 지속된다. 이 시간은 오래지 않는 것처럼 보이지만 컴퓨터 메모리가 전원이 나가면 바로 정보를 잃어버리고, 또 전원이 켜지면 저장된 정보가 새나가고 0.1초마다 다시 정보를 저장해야 한다는 사실에 비추어보면 굉장히 오랜 시간이다. 말하자면 10분 동안 전원이 나가도 정보를 잃지 않을 수 있다.

유기단분자의 스위칭 작동원리는 화학반응에서 잘 알려진 산화·환원 반응으로, 분자 내에 있는 원자 내의 전자가 춤추는 것이다. 반응이 일어나면 분자가 찌그러지는데, 이는 물호스를 막는 것처럼 전자의 흐름을 막는다. on 위치에서는 분자가 off 위치의 1,000배 정도 되는 전기전도도를 보인다. 이 비율은 백만 배 정도 되는 보통 반도체 트랜지스터와 비교하면 훨씬 작은 값이다. 연구자들은 현재 더 나은 스위치 성능을 가진 분자를 찾고 있으며 스위치 과정 그 자체를 이해하기 위해 노력하고 있다. 이러한 일들은 물리학자, 화학자, 생물학자, 전자공학자들이 공동연구를 추진해야 좋은 결과를 빨리 얻을 수 있을 것으로 보인다. 갈 길이 멀다.

탄소나노 튜브소자 응용사례

앞에서도 언급한 것처럼 탄소나노튜브는 나노재료 중 가장 발달이 빠른 분야이고 그 구조상 여러 특징을 갖고 있으며 이에 따른 다양한 응용 분야가 있다. 탄소나노튜브를 집중적으로 연구하는 필자의 입장에서 보면 탄소나노튜브의 응용 분야는 아주 광범위하다. 각 분야별로 그 성능도 기존의 소자에 비해 훨씬 뛰어나며, 산업에 주는 충격 역시 크다. 이제 하나씩 그 응용 분야를 살펴보기로 하자.

평판 디스플레이

탄소나노튜브 응용 중 가장 두드러진 응용 분야 중 하나가

평판 디스플레이다. 현재 디스플레이에는 텔레비전 브라운관, 액정모니터, PDP, 유기 EL 등이 있다. 브라운관은 무겁고 덩치가 큰 것이 큰 단점이다. 액정모니터는 평판 디스플레이가 가능한 대신 시야각이 좁고(이 문제는 어느 정도 해결된 것처럼 보인다), 화면이 브라운관에 비해 밝지 않다. 또 고분자 액정의 운동에 의해 소자의 반응속도가 결정되기 때문에 응답속도가 느리다. PDP의 경우는 평판이 가능하나 전력소모가 크고 비싼 것이 단점이다. 마지막으로 유기 EL은 밝기가 높고 스스로 발광하기 때문에 색상 표현이 뛰어나긴 하지만, 재료 자체가 불안하여 수명이 짧은 단점이 있다.

FED(전계방출 디스플레이)는 어떨까. FED는 전자를 방출시켜 전면 유리판에 입혀진 형광체를 때리면서 빛을 얻는다. 이 원리는 브라운관과 같지만, 브라운관은 덩치가 크고 무거운 데 반해 FED는 얇은 판으로 전자총을 대치하기 때문에 가벼워 쉽게 평판으로 만들 수 있다. 더구나 저전압의 전압구동으로 전력소모가 작아 PDP와는 달리 열이 거의 나지 않는 장점을 갖고 있는 디스플레이다. FED는 따라서 이론적으로는 가장 이상적인 디스플레이 조건을 갖추고 있다.

FED의 동작원리는 간단하다. 브라운관처럼 음극에서 방출된 전자가 양극에 입혀진 형광체에 충돌하여 빛을 만들어낸다. 다만 음극의 덩치 큰 브라운관 대신 끝이 뾰족한 금속탐침을 써서 양극과 음극 사이에 작은 전압을 걸어주어도 전자가 방출될 수 있도록 했다. 따라서 무거운 브라운관 대신 뾰족한 팁을 평면에 배열하여 평판 디스플레이를 만들었다. 또 열전자방출이 없기 때문에 금속탐침의 온도가 아주 낮다. 이 구조는 브라운관의 단점을 보완한 것으로 이론적으로는 완벽하다.

유일한 단점은 금속탐침을 만드는 과정이 비싸고 금속탐침 자체도 수명이 길지 않다는 점이다. 삼성 SDI는 최근 금속탐침 대신 탄소나노튜브를 사용하여 FED를 만들었다고 발표하였다. 탄소나노튜브는 실험실에서 쉽게 만들 수 있다. 길이가 수 마이크론 정도이고 직경이 수십 나노 이하이므로 끝이 뾰족하고 길이 대 직경의 비가 아주 커서 낮은 전압에서도 많은 전자를 방출할 수 있는 장점이 있다. 또 가장 강한 공유결합을 하고 있는 흑연과 비슷한 구조를 하고 있기 때문에 화학적으로도 안정하다.

디스플레이를 만드는 방법에는 여러 가지가 있지만 탄소나노튜브를 전극재료와 섞어 기판 위에 인쇄한다. 이렇게 하면 탄소나노튜브의 일부분이 표면에 노출되고, 이 노출된 탄소나노튜브를 통해 전자가 방출된다. 실제로 노출된 탄소나노튜브의 숫자가 단위제곱밀리미터당 백만 개가 넘기 때문에 그 중 몇 개에 문제가 생겨도 별로 걱정할 필요가 없다. 우군이 아직도 많으니까 말이다. 탄소나노튜브를 전자총으로 쓰는 것은 아주 큰 장점이다. 이 방법은 말 그대로 옛날 시험지 등사기 방식을 그대로 쓰기 때문에 아주 쉽고 경제적이다. 말하자면 저급 기술로 최첨단 고급 디스플레이를 만드는 것이다.

삼성 SDI 팀은 이 방법을 사용하여 전 세계적으로 처음 탄

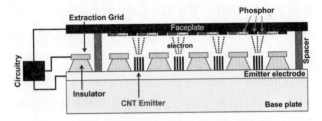

전계방출소자의 예: 텔레비전 브라운관 대신 평판 디스플레이로 대치가 가능하다.
가운데 수직 팁이 탄소나노튜브로 이루어져 있다.

소나노튜브-FED 디스플레이를 만들어 이 분야에서 현재 선도
적인 역할을 하고 있다. 이 방법을 사용하면 손쉽게 대면적 디
스플레이를 만들 수 있다. 따라서 대형 벽걸이형 텔레비전 시
장에 출시될 것으로 예상되며, 탄소나노튜브를 이용해 크게
돈 벌 수 있는 가장 가능성 있는 분야가 될 것이다.

이외에도 실험실에서 탄소나노튜브를 기판에 직접 수직으
로 세워 성장시켜서 사용하는 경우도 있다. 그러나 이 경우는
대면적이 용이하지 않기 때문에 소형 디스플레이나 다른 종류
의 전자방출소자에 응용 가능하다.

X-선 발생장치

탄소나노튜브의 용이한 전자방출현상을 이용한 다른 소자
의 예를 들어보자. X-선 발생장치는 병원에서 뇌, 폐, 간 등
각종 질환을 검사하는 데 쓰인다. X-선이 밀도가 높은 물질과
낮은 물질 사이를 투과하는 정도가 다른 현상을 이용해 뼈 사

진을 찍는 것이다. 뇌나 간의 종양도 그런 원리에 의해 알아낼 수 있다. 즉, 종양을 앓고 있는 부분은 조직이 경화되어 밀도가 다른 정상세포와 다른 것이다.

CT 촬영은 환부를 3차원적으로 촬영할 수 있는 장치인데, 역시 X-선을 이용한 장치이다. 이 장치는 무엇보다 덩치가 크다. X-선을 방출시키기 위해서는 전자총을 이용하여 고에너지를 갖는 전자를 Mo나 W에 쬐어준다. 그러면 이 물질에서 X-선이 방출된다. 이때 중요한 점은 고에너지를 갖는 전자의 수가 많아야 발생하는 X-선의 세기가 세다는 것이다.

기존의 제품에서는 열전자방출을 이용하는데, 보통 열이 많이 발생하고 전자방출 효율이 낮다. 이를 개선하기 위해 최근에는 열전자방출 대신 냉음극용 탄소나노튜브를 이용하려는 연구가 진행되고 있다.

앞에서 언급한 것처럼 탄소나노튜브는 끝이 뾰쪽하기 때문에 전자방출능력이 높아 전자총을 대신할 수 있다. 탄소나노튜브를 사용하면 FED와 마찬가지로 소형 X-선 발생장치를 만들 수 있어 야외 이동용 등에 적합하다. 즉, 사고가 나면 현장에 달려가 그 자리에서 부상 정도를 X-선을 통해 직접 확인하여 응급조치 시간을 단축시킬 수 있다. 또 3차원 영상을 찍을 경우 X-선 조사량이 많아 조직을 손상시킬 수 있는데, 탄소나노튜브를 이용한 냉음극 방법은 펄스로도 쓸 수 있어 조사량을 획기적으로 줄일 수 있다.

같은 목적으로 전자현미경의 열전자방출탐침을 대신하여

쓸 수 있다. 마찬가지로 전자현미경의 부피를 현저히 줄일 수 있고 전력소모도 줄일 수 있다. 또 마이크로웨이브, 라디오파 전자증폭기로도 쓸 수 있다.

이밖에도 자연적으로 뾰족한 나노구조는 형광등, 저열 램프, 극소형 램프 등을 만드는 데 쓰일 수 있고, 액정과 같이 수 나노의 분자를 배열하는 데 쓰일 수도 있다. 그야말로 기존 재료의 성능을 개선하는 거의 모든 전자소자에서 응용이 가능한 것이다. 각 분야의 연구자가 나노튜브를 이해하고 조금만 응용하려고 한다면 금방 개선점을 찾아낼 수 있을 것이다.

나노 램프

탄소나노튜브의 전자방출능력을 이용하면 옥외용 전광판이나 형광등을 대체할 수 있는 램프를 만들 수 있다. 가정에서 쓰는 형광등은 유리관에 채워진 기체를 고전압으로 이온화시켜 발생하는 자외선이 유리벽에 발라져 있는 형광체를 때려 백색광을 내는 원리이다. 이때 기체는 백색광을 내기 위해 수은 등의 중금속을 불가피하게 써야 한다. 이런 폐형광등이 오늘날의 골칫거리이다. 그러나 탄소나노튜브를 전자총으로 쓰면 유리관에 별도로 기체를 넣을 필요가 없이, 전자총에서 나온 전자가 직접 형광체를 때려 빛을 내기 때문에 이 문제가 없다. 다만 이때에는 형광체의 저전압 효율이나 안정성 등이 문제점으로 대두된다. 이 방식을 사용하면 탄소나노튜브의 화학적 안정성 때문에 그 수명이 보통 형광등보다 훨씬 길 것으로 보이지만, 실제 수명 문제는 이런 예상보다는 상당히 복잡할 것이다. 이 문제는 FED에서도 그대로 존재하는 문제로 안정한 산화물을 입히는 등 몇 가지 해결 방책이 있기는 하다.

탄소나노튜브로 램프를 만들었을 경우 또 한 가지 이득은 크기를 초소형으로 만들 수 있다는 것이다. 따라서 초소형 램프가 필요한 특수 목적용 램프로서의 기능이 탁월하다. 예를 들어, 액정 디스플레이에서는 빛을 내기 위해 액정판 뒤에 형광등을 쓴다. 이때 형광등 대신 탄소나노튜브를 이용한 평면판을 그대로 쓸 수 있고, 수은이 들어 있지 않은 소형 광원도 만들어낼 수 있다. 이런 초소형 램프는 MEMS 위에 탑재하는 초소형 광원으로 쓸 수 있어서 눈이 달린 소형 로봇을 만들 수 있는 근거가 된다.

SPM 탐침

사실 시장은 작지만 탄소나노튜브를 이용해 벌써 돈을 버는 분야가 있다. 각종 물질의 표면 구조를 분석하는 장치로서 SPM(Scanning Probe Microscope)이라는 장치가 있다. 이 장치는 매우 뾰족한 탐침이 피에조 물질에 연결되어 전압에 따라 표면을 이동하는 것인데, 표면원자와 탐침 사이의 힘이나 전류를 측정하여 표면의 원자 또는 전자의 구조를 알아낸다.

원자크기의 해상도가 필요하기 때문에 아주 뾰족한 모양의

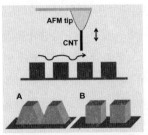

탄소나노튜브가 부착된 AFM 팁의 모형도.
이를 이용하여 요철형상을 관측하면
훨씬 정밀한 형상을 얻을 수 있다.
A. 왜곡된 이미지 B. 정밀한 이미지

탐침이 필요하고, 따라서 이를 준비하기 위해서는 많은 노력이 필요하다. 요즈음은 탐침을 어느 정도 뾰족하게 준비한 후 그 끝에 다시 탄소나노튜브를 부착하여 더욱 뾰족한 탐침을 만든다. 직경이 수십 나노 정도 되는 다층탄소나노튜브는 직

진성이 좋고 금속의 성질에 가깝기 때문에 이 목적에 잘 부합된다. 이 팁의 장점은 길이가 길어 홈이 깊이 파진 구조의 모양을 잘 재현할 수 있고 탄소나노튜브가 역학적으로 견고하기 때문에 기판에 홈을 파는 일도 가능하다는 것이다.

놀라운 것은 홈의 폭을 수 나노 내지 수십 나노까지 만들어 낼 수 있다는 사실이다. 이는 기존의 어떤 식각장치도 얻을 수 없는 작은 선폭이다. 또한 탄소나노튜브는 탄성이 좋아 탐침이 작업 도중 휘어도 곧바로 원래의 모양으로 돌아올 수 있다. 기존의 어떤 나노선도 이렇게 작은 직경과 우수한 탄성을 가질 수는 없었다. 특히, 기존의 SPM 탐침은 기판을 식각하는 경우 탐침이 쉽게 손상되어 쓸 수 없다는 단점이 있지만, 탄소나노튜브는 이 점에서 굉장한 장점이 있다.

트랜지스터

탄소나노튜브의 또 다른 흥미 있는 응용 분야는 트랜지스

터이다. 보통 트랜지스터는 전자 혹은 홀을 공급하는 '소스'와 전자를 받는 '드레인' 그리고 중간에서 전자 혹은 홀의 흐름을 제어하는 '게이트 전극'과 소스와 드레인 사이에 전자 혹은 홀이 지나갈 수 있는 '채널'로 구성되어 있다.

채널은 보통 반도체의 경우 불순물을 주입하여 전하 운반자가 잘 흐를 수 있도록 만든다. 소자의 동작속도는 이 채널 속을 지나가는 전자이동속도에 달려 있다. 따라서 채널의 길이를 줄이면 소자의 동작속도를 증가시킬 수 있다. 더불어, 소자를 작게 만들면 메모리 밀도를 증가시킬 뿐만 아니라 속도 면에서도 이득이 있다. 그런데 기존의 식각방법으로는 소자의 크기를 줄이는 데 한계가 있다.

탄소나노튜브는 이 목적을 잘 만족시키는 소자가 될 수 있다. 우선 크기가 수 나노로 이미 작게 만들어져 있고, 일차원적인 구조를 가지고 있어서 전자나 홀이 거의 아무런 저항 없이 잘 흐를 수 있기 때문에 채널로서 여러 가지 이점이 있다. 여기서 한 가지 중요한 것은 채널로 사용하기 위해서는 금속성 탄소나노튜브가 아닌 반도체성 탄소나노튜브를 사용해야 한다는 점이다.

탄소나노튜브는 다른 유기분자소자나 DNA 등에 비해 발전 속도가 엄청나게 빠르나 아직도 해결해야 할 문제가 산적해 있다. 이제까지 세계 여러 그룹에서 탄소나노튜브를 각종 단일 논리, 메모리소자로 사용할 수 있다는 것을 개념적으로 증명하기도 했다.

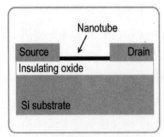
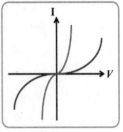

탄소나노튜브로 구성된 트랜지스터 및 관련 전류/전압곡선.

그러나 넘어야 할 산이 아직도 많다. 우선 탄소나노튜브는 합성을 하고 나면 금속성과 반도체성의 튜브가 섞여 있다. 반도체성 나노튜브만을 골라낼 방법은 아직 없다. 이것은 현재의 조립방법으로는 소자를 제조하고 나면 절반은 버려야 한다는 말이다. 이것은 말이 안 된다. 이렇게 소자를 만들면 실제 최종 수율은 1%도 안 될 것이다. 물론 최선의 방법은 합성시 감긴 형태를 조절하여 반도체성 나노튜브만을 만드는 것이지만, 이것은 아직까지 꿈에 불과하다.

또 다른 방법은 합성 후 특정한 탄소나노튜브만을 골라내는 것이다. 이 방법에 어느 정도 희망이 있다. 이 방법의 출발점은 금속성 탄소나노튜브와 반도체성 탄소나노튜브는 다른 물질과 반응성이 다르다는 것에 있다. 예를 들어, 계면활성제와 같은 유기화합물 중에는 어느 한쪽 성질을 가진 튜브와 반응을 잘하는 물질이 있다. 이런 물질과 반도체성 탄소나노튜브를 반응시키면 탄소나노튜브와 반응한 물질은 부착물질의 비중에 따라 가라앉거나 부유물로 남는다. 이를 통해 반응하지 않은 탄소나노튜브를 분리해낼 수 있다는 것이다. 이는 화학자들이 생각해낸 것이다.

이런 비슷한 성질이 DNA에도 있다. DNA뿐만 아니라 화학 기본 원소에도 이런 성질을 가진 물질이 많이 있을 것이라고 예상할 수 있다. 문제는 어떻게 탄소나노튜브의 성질을 변화시키지 않고도 분리 수율을 높이느냐에 있다. 이 분야는 아무래도 화학자의 몫인 것 같다.

이상의 방법은 탄소나노튜브의 벽과 외부 물질과의 반응을 말하는데, 또 다른 방법으로는 탄소나노튜브의 끝을 이용하는 것이 있다. 끝이 터진 탄소나노튜브를 생각해보자. 이 경우 끝은 결합하지 않은 탄소원자가 노출되어 있기 때문에, 다른 물질과 반응을 잘한다. 예를 들면 산소는 끝에 잘 붙는다. 이 성질을 탄소나노튜브를 정제하는 데 이용할 수 있다.

끝에 산소를 붙이고 온도를 높이면 일산화탄소를 방출하면서 끝이 산화된다(탄다). 탄소나노튜브를 합성하면 탄소나노튜브 이외에도 비정질탄소와 같은 물질이 부산물로 생긴다. 이 물질도 산소와 쉽게 반응하고 잘 타는데, 다행히 타는 온도가 탄소나노튜브가 타는 온도보다 낮다. 따라서 온도를 적절히 조절하면 비정질탄소만을 선택적으로 없앨 수 있다.

불행히도 산소는 금속성 탄소나노튜브와 반도체성 탄소나노튜브를 분간해서 태우질 못한다. 그러나 이산화탄소와 같은 물질은 재미있게도 붙을 때부터 다르게 붙는다. 즉, 반도체성 탄소나노튜브에 훨씬 더 잘 붙는다. 이것은 두 성질을 가진 끝

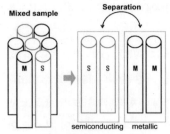

Mixed sample **Separation**

M S

S S M M

semiconducting metallic

탄소나노튜브의 시료는 금속성,
반도체성 탄소나노튜브가 섞여 있어
특성분석 및 응용에 장애가 된다.

의 구조가 다르기 때문에 나타나는 현상이다. 이 성질을 이용하면 이산화탄소가 붙는 반도체성 탄소나노튜브는 태워 없애버릴 수가 있다. 그러나 실제 실험에서는 제어하기가 상당히 어렵다. 기체 반응은 원자 수준에서 제어하기가 까다롭기 때문이다.

이 실험에서 또 하나의 어려운 점은 탄소나노튜브가 개별로 존재하지 않고 다발로 붙어 있다는 점이다. 다발 상태에서는 위의 방법을 적용하여 한 가닥씩 반응을 유도할 수가 없다. 따라서 한 가닥씩 떼어내야 되는데, 이때에도 화학적인 방법으로 뗄 수밖에 없다. 이 모든 것이 탄소나노튜브를 공부하면서 겪는 어려운 문제점이다.

또 다른 방법은 탄소나노튜브의 성질을 아예 바꿔버리는 것이다. 이 방법은 현재 실마리를 찾은 상태이다. 예를 들면 탄소나노튜브 벽에 불소원자나 수소원자를 결합시키는 것이다. 불소원자는 반응성이 높은 원소여서 튜브 벽에 가서 강하게 결합한다. 이 결합은 당연히 탄소나노튜브의 전자구조를 변환시키지만, 원자구조 역시 심하게 변화시켜 탄소나노튜브 벽의 안정성을 떨어뜨린다. 그래서 때로는 다른 구조를 만들어내기도 한다.

또 한 가지 단점은 불소 흡착시 변환된 전자구조가 금속성이 되기도 하고 반도체성이 되기도 한다는 점이다. 즉, 선택적으로 변환시키기가 힘들다. 그러나 수소원자를 쓰는 경우 상황이 많이 다르다. 수소원자가 탄소나노튜브 벽에 결합하면 금속성의 탄소나노튜브의 전자구조가 반도체성 탄소나노튜브로 바뀌고, 반도체성의 탄소나노튜브도 에너지 갭이 훨씬 커진 반도체성 탄소나노튜브로 바뀐다. 따라서 어느 경우건 모두 반도체성 탄소나노튜브만을 얻을 수 있다.

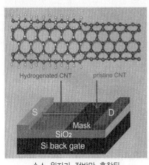

수소 원자가 절반만 흡착된
이종접합 탄소나노튜브 정류기.

이 결과는 탄소나노튜브를 트랜지스터에 응용하는 데 아주 유리하다. 이 방법을 쓰면 수율을 걱정할 필요가 없다. 금속성 튜브라도 일단 트랜지스터를 만들어놓고 나서 수소원자를 흡착시키면 전자구조가 변환되어 모든 탄소나노튜브가 트랜지스터로 작동할 것이다. 이 아이디어는 성균관대 탄소나노튜브연구실에 의해 처음 제안되었지만 아직 넘어야 할 산이 많다. 트랜지스터 응용 분야는 기존의 Si 소자의 한계극복기술인 만큼 어려움도 많지만, 그만큼 야망 있는 젊은 과학자들의 도전을 기다리고 있는 분야이다.

기체 센서

탄소나노튜브의 또 다른 특징은 기체가 탄소나노튜브 벽에 붙으면 탄소나노튜브를 통해 흐르는 전류의 크기 및 부호가 바뀐다는 것이다. 이 현상을 이용하면 감도가 좋은 나노크기의 기체 센서를 만들 수 있다. 예를 들어, 암모니아 기체가 튜브 벽에 붙으면 탄소나노튜브에 흐르는 전류가 증가하지만, 산소나 산소를 포함하고 있는 기체가 붙으면 전류가 감소한다. 이런 현상은 기체를 구분하는 데 아주 좋은 방법이다.

사실 탄소나노튜브는 어떤 기체가 붙든 반응한다. 어떤 기체가 얼마만큼 반응하느냐를 알려면 검출하고자 하는 기체마다 일일이 조사를 해야 한다. 모든 종류의 센서는 기체가 흡탈착할 때의 전류 변화에 따라 그 감도가 결정된다.

탄소나노튜브는 직경이 아주 작아 표면의 조그마한 변화라도 전류의 흐름을 민감하게 변화시킨다. 따라서 기체를 검출함과 동시에, 전극재료로 쓸 수 있는 장점까지 있다. 이 분야는 시장은 작지만 특수한 목적으로 쓰이는 분야가 많기 때문에 앞으로 많은 연구가 진행될 것이고 곧 시장에 출시될 것이다.

나노복합체

나노튜브의 가격이 낮아지면 당장 각광을 받을 분야가 나

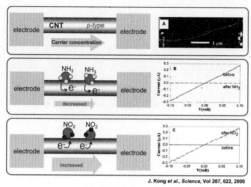

J. Kong et al., *Science*, Vol 287, 622, 2000

탄소나노튜브 기체 센서 :
기체의 종류에 따라 탄소나노튜브의 저항과 전류의 부호가 달라진다.

노복합체 분야이다. 탄소나노튜브가 나노기술의 총아로 대접
받고 있어 첨단기술로 분류되고 있긴 하지만, 응용방법이 어
려우면 기업체가 채택하기를 꺼려한다. 말하자면 아무리 몸에
좋다고 해도 숟가락질이 어려우면 먹기를 싫어하는 것과 같은
이치이다.

　탄소나노튜브는 역학적·전기적 성질이 우수하다. 탄소나노
튜브의 이런 성질은 기존 제품의 성능 개선에 결정적인 역할
을 할 수 있다. 예를 들면 전도성 고분자라는 것이 있다. 모든
고분자는 완전 절연체이지만 일부 재료는 약간의 전도성을 띠
고, 이런 재료는 정전기 방지용 덮개, 전지전극재료 등에 쓰인
다. 그러나 전도도를 금속 수준으로 올리기가 쉽지 않다. 만약
이 재료에 탄소나노튜브를 약간 섞어 나노복합체를 만들면 문
제는 간단하게 풀린다. 이때 나노복합체의 전도성은 탄소나노

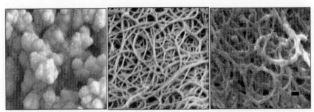

| 전도성 고분자 | 탄소나노튜브 | 전도성 고분자 + 탄소나노튜브 |

탄소나노튜브 표면에 입혀진 전도성 고분자.

튜브를 넣는 양에 따라 조절할 수 있다.

또 강도를 증가시키기 위해 고강도성 고분자에 나노튜브를 섞을 때에도 나노튜브의 양을 조절해 강도를 제어할 수 있다. 이밖에 탄소나노튜브를 고분자와 적절히 혼합하여 고강도의 실을 뽑아낼 수도 있다. 그러면 지금의 탄소섬유보다 훨씬 높은 강도를 가진 탄소나노튜브 섬유를 만들 수 있다. 이 복합체는 강도 및 연성이 좋아 비행기의 동체에 쓰일 가능성이 있다. 현재 미국의 나사 등에서 이에 관한 연구를 진행하고 있다.

또 세라믹재료에 탄소나노튜브를 응용하여 깨지기 쉬운 성질을 개선할 수도 있다. 미국의 제너럴 일렉트릭사는 정전기 방지용 탄소나노튜브 복합체를 개발하여 이미 자동차에 응용하고 있으며, 페인트의 접착력을 키우는 데도 탄소나노튜브를 쓰고 있다.

그렇지만 이 분야의 활용도 그렇게 쉽게 이루어지는 것이 아니다. 나노입자는 크기가 작아지면 서로 엉겨 붙는 성질이 강하다. 그러면 나노입자가 갖는 특성을 살릴 수 없다. 따라서 복합체 연구의 핵심은 어떻게 하면 탄소나노튜브를 복합체에 잘 분산시킬 수 있느냐이다. 분산이 잘되면 소량을 가지고도 원하는 특성을 얻을 수 있기 때문이다.

이 연구가 원활히 진행되려면 복합체 재료를 이해하는 연구자와 탄소나노튜브를 이해하는 연구자가 공동으로 연구를 수행해야 한다. 이 연구의 발목을 잡는 것이 위에서 언급한 것처럼 다시 탄소나노튜브의 분산이다. 우선 복합체가 녹을 수 있는 용매를 선택한 다음 탄소나노튜브를 이 용매에 잘 분산시켜야 한다. 다발이 풀어져 한 가닥씩 분산되어 있으면 가장 이상적일 것이다. 그러기 위해서는 탄소나노튜브의 길이를 줄이는 것이 유리하다. 길이를 줄이는 것이 복합체에 유리할 수도 불리할 수도 있긴 하지만, 어쨌든 탄소나노튜브를 분산하고 나면 문제는 쉬워진다. 원하는 고분자나 기타 재료를 탄소나노튜브가 들어 있는 용매에 골고루 섞으면 된다. 이때 탄소나노튜브와 고분자와의 결합을 강화시키기 위해 탄소나노튜브를 적절히 기능화시킬 필요도 있다.

이 분야의 시장은 무한히 넓다. 또 탄소나노튜브와 복합체를 만들면 성능이 개선된다는 것은 누구라도 쉽게 예상할 수 있다. 다만 현재는 탄소나노튜브의 가격이 너무 비싸 모두 눈치만 보고 있는 실정이다. 하지만 탄소나노튜브를 싸게 만드는 방법이 제시되면 탄소나노튜브가 기존의 복합체 시장의 구도를 바꾸게 될 것이다.

수소저장체

 탄소나노튜브의 또 다른 미래 시장은 뭐니뭐니해도 에너지 저장 분야이다. 이 분야는 응용 범위가 아주 넓다. 우선 수소 저장이다. 수소는 아주 중요한 미래의 무공해 에너지원이다.

 예를 들어 연료전지는 수소와 공기 중의 산소를 결합시켜 전기를 만들어낸다. 연료전지는 이동형 발전소나 마찬가지다. 미국의 GM사는 수소를 사용하여 2007년에 전기자동차를 시판할 야심찬 계획을 갖고 있다. 전기자동차로 500km를 쉬지 않고 달리기 위해서는 저장체 무게비로 약 6%의 수소저장용량이 필요하다. 그러나 수소는 크기가 작고 흡착력이 낮아 저장체를 찾기가 어렵다. 기존의 수소저장체는 금속이다. 수소는 금속 속에 들어가 금속원자와 쉽게 결합한다. 이 경우 저장되는 수소무게는 1% 정도이나 최근에는 이보다 높은 수치도 발표되었다. 그러나 금속의 결정적인 결함은 수소저장이 반복되면 금속이 깨져 더 이상 수소를 저장하는 용기로 쓸 수 없다는 점이다.

 탄소나노튜브는 속이 비어 있어 공간에 수소분자를 가둘 가능성이 있다. 또 탄소나노튜브가 다발을 형성하는 점이 여기에서 유리하게 작용한다. 탄소나노튜브가 다발을 형성하므로 튜브와 튜브 사이에 수소기체가 저장되는 자리가 많이 생긴다는 점에 착안하면, 탄소나노튜브가 좋은 수소저장체가 될 수 있을 가능성이 있다. 다발의 길이가 수 마이크로미터로 길기 때문에 튜브 틈 사이로 수소저장이 반복되어도 탄소나노튜브의 구조는 변하지 않을 것이다.

1997년의 IBM그룹 실험결과에 의하면 탄소나노튜브의 수소저장능력은 5%에 달한다. 그 후에도 많은 연구그룹이 탄소나노튜브의 수소저장능력이 우수하다고 발표했다. 그러나 최근 독일 막스플랑크 연구소의 연구결과는 어느 시료도 1% 이하의 저장능력밖에 가지지 못한다고 발표하였다. 이 연구의 문제점은 한 그룹의 실험결과를 다른 그룹이 재현하지 못하는 데 있다. 그래서 서로의 결과를 신뢰하지 않는다. 그렇다면 문제가 무엇일까? 정말 탄소나노튜브는 수소저장능력이 낮을까? 많은 연구자가 확실치 않은 이 문제에 답하기를 포기했다.

답을 내지 못하는 데는 몇 가지 이유가 있다. 첫째 각 연구자가 사용하는 시료의 상태가 전부 다르기 때문이다. 시료 속에는 비정질탄소나 성장 도중 도입된 전이금속과 같은 불순물이 때로는 탄소나노튜브의 양보다 더 많이 포함되어 있다. 더 중요한 사실은 수소기체가 탄소나노튜브 벽에 흡착될 경우 탄소나노튜브 벽에 붙어 있는 불순물은 수소가 흡착되는 상태를 완전히 다르게 변화시킨다는 것이다.

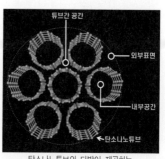

탄소나노튜브의 다발이 제공하는 수소 흡착 자리.

또 한 가지 연구자들이 간과하는 문제가 있다. 탄

소나노튜브는 기존의 금속화합물과는 달리 수분을 흡착하는 능력이 뛰어나다. 수분이 수소기체 저장중 조금이라도 유입되면 수분은 수소기체 질량의 9배가 되기 때문에 수분이 하나 들어오면 순수 수소저장량이 현저히 줄어든다. 불행히도 기존의 수소저장 측정장치는 사방에 수분이 깔려 있다. 기존 금속의 수소저장장치로 탄소나노튜브 수소저장량을 재면 모두 이 같은 오류를 범할 수 있다. 이 문제를 해결하려면 상당한 측정장치의 개선이 있어야 한다. 그러나 나의 연구 경험에 의하면 이 문제는 조만간 해결될 것이다.

이차전지

에너지 저장체 응용의 또 다른 분야는 전지 전극이다. 전지도 그 종류가 많다. 예를 들어 리튬이온전지를 보자. 두 전극의 한쪽은 리튬-코발트 산화물을, 다른 한쪽은 흑연을 쓴다. 두 극이 모두 층상구조로 리튬이온이 층간에 들어갔다 나왔다 하면서 충방전이 계속된다. 문제는 리튬의 이런 운동이 전극의 구조를 퇴화시킨다는 것이다. 리튬-코발트 산화물은 리튬의 이런 운동에 비교적 안정적인 반면, 흑연은 여러 번 이 운동이 반복되면 층상구조가 퇴화된다. 그 결과는 전지의 수명 단축으로 나타난다. 핸드폰의 경우 거의 대부분 리튬-이온전지를 사용하는데, 나중에 사용시간이 줄어드는 이유가 여기에 있다.

이 문제를 어떻게 해결할 수 있을까? 탄소나노튜브는 이 문제에 어느 정도 해답을 줄 수 있다. 탄소나노튜브는 다발을 만들 때 다발 사이 혹은 튜브 내부의 공간에 리튬이온을 저장시킬 수 있다. 따라서 흑연보다 저장용량이 커질 것이다. 또 그런 경우 튜브 다발의 상호작용이 약한 반데르발스 결합[8]이지만, 길이가 수 미크론으로 길기 때문에 리튬의 출입에 대해 다발 구조가 안정적일 것으로 추측된다. 즉, 용량 증가와 수명 연장 두 가지 모두 기존의 흑연 재료를 능가할 것으로 예상된다. 또 다른 한 가지 이점은 탄소나노튜브는 전기전도도가 높기 때문에 줄열[9]에 의한 전기소모를 줄여줄 수 있을 것으로 예상된다는 것이다. 이런 이유로만 따지면 탄소나노튜브를 이차전지 전극에 쓰지 않을 이유가 없다. 그러나 아직은 가격이 비싸서 경쟁력이 없다.

다른 종류의 모든 전지도 같은 이유로 성능을 개선할 수 있다. 한 가지 절충안은 기존의 흑연 재료에 소량의 탄소나노튜브를 섞어 저장용량과 수명을 어느 정도만큼만 개선하는 것이다. 이 접근방법은 현실적으로 타당성이 있다. 가격 증가를 최소화시키되 성능을 최적화하는 것이다.

슈퍼커패시터

에너지 저장체의 또 다른 형태는 커패시터(축전기)이다. 축전기는 두 개의 금속판을 일정거리만큼 떼어놓고 그 사이에 유전체를 넣어주어 전압을 걸어주면 전극 양단에 전하이온층이 형성되어 전기를 저장한다. 이 경우 전기는 전지처럼 화학 작용에 의해 발생하지 않고 단순히 전기 이중층에 의해 만들어진다. 따라서 전극 자체를 손상시키지 않아 수명은 거의 무한대이다. 또한 충방전 시간이 길지 않아 짧은 시간에 많은 양의 전류를 저장할 수 있다. 그러므로 이 장치는 고출력이 필요할 때 긴요한 전기저장체이다.

다만 유일한 단점은 전기저장능력이 떨어진다는 점이다. 축전기의 저장용량은 두 판 사이의 거리에 반비례하고 면적에 비례한다. 만약 거리가 고정되어 있다고 생각하면 전극판의 면적을 늘리면 된다. 그러나 겉면적이 커지면 덩치가 커져 쓸모가 없다. 따라서 겉면적이 아니라 유효면적을 늘려야 한다.

이 유효면적은 보통 전극에 작은 구멍을 만들어 증가시킨다. 결국 이 분야의 문제는 유효면적이 큰 다공성 물질이면서 전극저항이 낮은 전극물질을 찾아내는 것이다. 물론 전극의 전도성이 좋아야 줄열의 감소에 의한 에너지 소모가 적다. 이 두 가지 조건을 만족하는 재료로서 이제까지 활성탄이 이용되었다. 활성탄은 탄화과정 동안 만들어지는 동공들이 많아 소위 유효 표면적이 넓다. 또 탄소라서 전도성도 좋아 지금까지 상업용으로 이 재료를 많이 쓰고 있다.

이를 탄소나노튜브로 대치하면 어떨까. 탄소나노튜브는 모든 탄소원자가 표면에 노출되어 있어 유효 표면적이 넓고, 또 구불구불한 나노튜브의 엉킴 형태가 또 다른 종류의 동공을 만들어 유효면적을 배가시킬 수 있다. 전기전도도도 기존의 활성탄보다 높기 때문에 고출력을 내는 데 도움이 된다.

지금까지의 연구결과에 의하면 탄소나노튜브 자체만으로는 아직 기존의 활성탄보다 높은 용량을 만들어내지 못하고 있다. 그러나 이는 주로 시료처리 조건을 최적화시키지 못했기 때문이며, 이 문제는 조만간 해결될 것으로 보인다. 특히 탄소나노튜브와 기존 재료와의 복합구조형성이 당분간 이 분야의 연구방향이 될 것으로 전망된다.

연료전지

연료전지는 수소가 포함된 연료를 산소와 반응시켜 전기를 얻고 부산물로 물을 배출한다. 따라서 단순히 물만을 배출하는 무공해 전지이지만 아직 효율이 낮고 가격이 비싸 실용화에 큰 걸림돌이 되고 있다.

연료전지의 중요 부품 중의 하나가 전극인데, 이때 중요한 세 가지가 있다. 첫째, 수소기체가 통과할 수 있도록 보통 구멍이 있는 전극재료를 쓴다. 둘째, 전극은 수소기체를 분해하는 촉매를 담지하는 담지체 역할을 한다. 셋째, 생성된 전기의 줄열에 의한 소모를 최소화시키고 외부 동력에 전달하기 위해서는 전극저항을 최소화시켜야 한다.

현재까지 이런 전극재료로 활성탄을 쓰고 있다. 연료전지를 이용한 전기자동차를 만들 경우 연료전지의 가격이 차값의 10배에 해당하니 아직 현실성이 없다. 그 중에서도 촉매로 쓴 백금 값이 절반을 차지하니, 촉매를 보다 효율이 높은 다른 것으로 대체하거나 백금 촉매량을 줄이는 방법이 나와야 이 분야의 실용화가 가능할 것이다.

촉매량을 줄이려면 촉매의 효율을 올려야 한다. 이 방법은 이미 앞에서 언급한 대로 나노촉매를 만들면 가능하다. 나노촉매를 만들었다면, 그 다음으로 중요한 것이 나노촉매를 담지체에 분산시키는 일이다. 탄소나노튜브는 수 나노크기의 스파게티처럼 서로 엉켜 있어 나노촉매가 서로 뭉치지 않고 잘 분산될 가능성이 있다. 이 경우 탄소나노튜브의 가격이 제아무리 비싸다 해도 백금 가격보다는 훨씬 낮으므로 담지체로써도 가격이 크게 비싸지지 않는다. 또 한 가지 탄소나노튜브는 전기전도성이 기존의 활성탄보다 좋아 전지의 효율을 개선할 수 있다. 이 연구는 시행착오를 많이 거쳐야겠지만, 화석연료가 바닥이 나면 전기자동차를 개발하는 것이 필수이기 때문에 분명 돈이 될 수 있다. 그것도 몇 년 안에.

나노필터 및 나노틀

탄소나노튜브의 또 다른 특징은 속이 비어 있다는 것이다. 튜브처럼 튜브의 구조를 가지고 있되 직경이 수 나노에서 수십 나노크기까지 만들 수 있다. 주사기 침으로 만들면 나노주사기가 될 수 있고 세포 속에 꽂아 전극으로 세포에 자극을 주면 동시에 반응 신호를 얻어낼 수 있다. 또 동시에 주사기를 통해 반응물질을 미세하게 주입하여 일어나는 반응을 관찰할 수 있다. 이것은 정말 신나는 일이다.

그뿐만이 아니다. 탄소나노튜브의 직경을 적절히 선택하여 배열하면(이는 성장시 조절이 가능함) 나노크기의 필터를 제작할 수 있다. 단층 탄소나노튜브의 직경은 1나노 정도이니까, 1나노 이하의 크기를 가진 입자만을 통과시킬 수 있다. 말하자면 직경을 조절하여 양성자만을 투과시킬 수 있는 나노필터를 만들어낼 수 있는 것이다. 직경이 큰 이중층 탄소나노튜브나 다중층 탄소나노튜브를 사용하면 더 큰 이온들을 분리해낼 수도 있을 것이다. 물 분자는 통과하지 못하되 물속에 녹아 있는 각종 이온을 통과시키는 직경을 선택하면 이렇게 바닷물도 걸러낼 수 있는 필터를 손쉽게 만들 수 있다.

앞에서 알루미나나 지올라이트와 같은 틀을 이용하여 탄소나노튜브를 만들 수 있다고 소개했지만, 사실 탄소나노튜브를 틀로 사용해도 각종 나노구조물을 만들 수 있다. 특히 탄소나노튜브 내부의 빈 직경이 수 나노이기 때문에 수 나노의 직경을 가진 나노입자나 나노선을 만들 수도 있고, 원자 한 개 혹은 두세 개 정도로 이루어진 이상적인 일차원 나노선을 제작할 수 있어 저차원 신물성을 찾는 데 쓸 수 있다. 이런 일은 전에는 상상도 할 수 없었으나 이제는 누구나 상상할 수 있다.

나노주사기

나노기술이 생명과학과 만나는 영역 중 하나는 다음과 같다. 탄소나노튜브는 길이가 수 마이크론에서 수십 마이크론으로 길고 내직경은 수 나노에서 수십 나노의 크기로, 조절하여 합성할 수 있다. 또 공기 중에서 적당히 열처리를 하면 끝을 열 수 있다. 이것이 바로 나노크기의 직경을 가진 주사기 구조이다. 이것을 세포 연구에 응용하면 여러 가지 재미있는 관찰을 할 수 있다.

세포는 모든 생물학적인 반응이 일어나는 곳이다. 생물체에 필요한 모든 것이 이 속에서 만들어진다. 그러나 세포 내에서의 반응을 제어하고 그 반응에 따라 나타나는 결과를 검출해 내기란 쉽지 않다. 일반적으로 세포는 크기가 수백 나노에서 수 마이크론에 이른다. 따라서 탄소나노튜브로 이루어진 주사기를 이용하여 세포 내에 약물을 투여할 수 있을 뿐만 아니라, (탄소나노튜브 자체가 좋은 전도체이기 때문에) 전기적인 자극을 가할 수도 있고 반응시 나타나는 전기적인 신호도 동시에 측정할 수가 있다.

따라서 세포 내의 반응을 더 잘 이해할 수 있고 또 제어를 통해 우리가 원하는 반응을 선택적으로 일어나게 할 수도 있을 것이다.

맺음말

이상으로 나노기술이 당면한 문제를 중심으로 무엇부터 해결해야 하는가를 알아보고, 미래 혹은 가까운 장래에 나노기술이 우리에게 어떤 모습으로 다가올 것인가에 대해서도 알아봤다. 그러나 여기서 첨언해야 할 것은 '나노기술의 미래는 아무도 모른다.'는 것이다.

전 세계적으로 나노기술에 투자하는 정부의 연구비는 해마다 증가추세에 있다. 미국은 2000년 2월 대통령 연두교서에서 NT, BT, IT 3대 기술을 21세기 3대 중점 연구과제로 선정해 국가적인 경쟁력을 높이기로 결정하고 나노기술 관련 연구비로 43억불을 지출했다. 2002년에는 23%가 증액되었다. 이에 따라 미 전역에 나노기술 관련 센터가 설립되고 있다.

일본도 2001년부터 나노기술 연구에 25% 이상의 예산을 증액시켰다. 경제산업성과 문부과학성이 공동으로 '나노기술이 창조하는 미래사회'라는 슬로건을 내걸고 나노기술의 전략을 수립한 바 있다. 유럽의 경우도 독일, 영국, 프랑스, 스위스를 중심으로 나노입자 및 나노구조소재 등에 약 2억불의 연구비를 투자하고 있다.

우리나라의 경우도 과학기술부를 중심으로 다양한 나노기술과제를 운영하고 있으며 이와 관련하여 나노팹센터와 특화팹센터가 설립되었고 조만간에 두 곳의 나노클러스터가 설립될 예정이다. 각국의 이러한 움직임은 지금 투자하지 않으면 나중에는 나노기술을 따라 잡기 힘들 것이라는 판단에서 비롯된 것으로 보인다.

2005년 혹은 2010년 정도에는 나노기술이 가시화될 것으로 전망되고 있다. 일단 실현될 나노기술은 기술의존성이 높고 파급효과가 클 것을 암시해준다.

그러니 현재 우리에게 중요한 것은 5년 내지 10년 후에 이런 나노기술을 산업화하는 데 가장 필요한 고급인력을 양성하는 것이다. 나는 이 책의 독자가 지금부터라도 나노기술을 배우는 일에 자신을 투자하라고 적극 권하고 싶다. 나노라는 미지의 세계가 우리에게 펼쳐지면 어떤 일이 벌어질지 아무도 모른다. 반도체제조기술 같은 앞서가는 기술을 본보기로 두려움을 버리고 앞으로 뛰어가야 한다. 천릿길도 한 걸음부터라는 우리 속담이 있다. 차근차근 가다 보면 우리가 나노기술에서 선진국이 될 날도 멀지 않을 것이다.

주

1) 드브로이 파장은 보통 전자의 운동반경과 같은 것으로 물질 내에서의 전자의 효과질량, 전자의 에너지의 제곱근에 역비례한다.

2) 화학적으로 혹은 물리적으로 기판 위에 일정한 크기와 모양의 소자를 깎아 만드는 장치.

3) 전자의 스핀이 한 방향으로 정렬되어 있는 최소단위체로 보통 수 마이크론의 크기이다. 자성체박막(자기테이프)은 여러 방향으로 배열된 자구로 구성되어 있다. 자장이 가해지면 자장이 가해진 방향으로 자구의 전자스핀 배열이 바뀌어 자구의 크기가 점점 커진다.

4) 일반적으로 온도가 어느 이상 올라가면 자성체가 자성의 성질을 잃어버린다. 이 온도를 큐리온도라고 한다.

5) 홀과 전자를 만드는 중 이들이 보통 약하게 결합되어 있는데 이 전자-홀 쌍을 엑시톤이라 부른다.

6) 전압을 걸면 늘어나는 물질.

7) 초소형 전기역학적 시스템으로 구동회로와 역학적인 시스템이 함께 설치되어 있다. 초소형 로봇의 핵심 시스템이 될 수 있다.

8) 이 결합은 보통 분자 내에서의 강한 결합과는 달리 이웃 분자에 의한 유도작용으로 인해 생기는 분자간 약한 결합력을 나타낸다.

9) 줄의 법칙에 따라 발생하는 열.

나노 미시세계가 거시세계를 바꾼다

펴낸날	초판 1쇄 2004년 9월 30일
	초판 4쇄 2015년 4월 14일

지은이	**이영희**
펴낸이	**심만수**
펴낸곳	**(주)살림출판사**
출판등록	**1989년 11월 1일 제9-210호**

주소	경기도 파주시 광인사길 30
전화	031-955-1350 팩스 031-624-1356
기획·편집	031-955-4671
홈페이지	http://www.sallimbooks.com
이메일	book@sallimbooks.com

ISBN	978-89-522-0289-5 04080

※ 값은 뒤표지에 있습니다.
※ 잘못 만들어진 책은 구입하신 서점에서 바꾸어 드립니다.

126 초끈이론 아인슈타인의 꿈을 찾아서

eBook

박재모(포항공대 물리학과 교수) · 현승준(연세대 물리학과 교수)

빠르게 발전하고 있는 초끈이론을 일반대중이 이해할 수 있도록 쉽게 풀어쓴 책. 중력을 성공적으로 양자화하고 모든 종류의 입자와 그들 간의 상호작용을 포함하는 모형으로 각광받고 있는 초끈이론을 설명한다. 초끈이론을 이해하기 위해 필요한 양자역학이나 일반상대론 등 현대물리학의 제 분야에 대해서도 알기 쉽게 소개한다.

125 나노 미시세계가 거시세계를 바꾼다

eBook

이영희(성균관대 물리학과 교수)

박테리아 크기의 1000분의 1에 해당하는 크기인 '나노'가 인간 세계를 어떻게 바꿔 놓을 것인지에 대한 해답을 제시하는 책. 나노기술이란 무엇이고 나노크기의 재료들은 어떻게 만들어지는가, 나노크기의 재료들을 어떻게 조작해 새로운 기술들을 이끌어내는가, 조작을 통해 어떤 기술들을 실현하는가를 다양한 예를 통해 소개한다.

448 파이온에서 힉스 입자까지

eBook

이강영(경상대 물리교육과 교수)

누구나 한번쯤 '우주는 어디에서 시작됐을까?' '물질의 근본은 어디일까?'와 같은 의문을 품어본 적은 있을 것이다. 물질과 에너지의 궁극적 본질에 다가서면 다가설수록 우주의 근원을 이해하는 일도 쉬워진다고 한다. 이 책은 바로 이러한 질문들의 해답을 찾기 위해 애쓰는 물리학자들의 긴 여정을 담고 있다.

035 법의학의 세계

eBook

이윤성(서울대 법의학과 교수)

최근 드라마나 영화를 통해 일반인의 호기심을 자극하고 있지만 거의 알려지지 않은 법의학을 소개한 책. 법의학의 여러 분야에 대한 소개, 부검의 필요성과 절차, 사망의 원인과 종류, 사망시각 추정과 신원확인, 교통사고와 질식사 그리고 익사와 관련된 흥미로운 사건들을 통해 법의학에 대한 이해를 돕는다.

395 적정기술이란 무엇인가 `eBook`

김정태(적정기술재단 사무국장)

적정기술은 빈곤과 질병으로부터 싸우고 있는 전 세계의 사람들에게 희망을 안겨주는 따뜻한 기술이다. 이 책에서는 적정기술이 탄생하게 된 배경과 함께 적정기술의 역사, 정의, 개척자들을 소개함으로써 적정기술에 대한 기본적인 이해를 돕고 있다. 소외된 90%를 위한 기술을 통해 독자들은 세상을 바꾸는 작지만 강한 힘이란 무엇인가에 대해서 알 수 있을 것이다.

022 인체의 신비

이성주(코리아메디케어 대표)

내 자신이었으면서도 여전히 낯설었던 몸에 대한 지식을 문학, 사회학, 예술사, 철학 등을 접목시켜 이야기해 주는 책. 몸과 마음의 신비, 배에서 나는 '꼬르륵' 소리의 비밀, '키스'가 건강에 이로운 이유, 인간은 왜 언제든 '사랑'할 수 있는가에 대한 여러 학설 등 일상에서 일어나는 수수께끼를 명쾌하게 풀어 준다.

036 양자 컴퓨터 `eBook`

이순칠(한국과학기술원 물리학과 교수)

21세기 인류 문명에서 가장 중요한 요소 중의 하나로 꼽히는 양자 컴퓨터의 과학적 원리와 그 응용의 효과를 소개한 책. 물리학과 전산학 등 다양한 학문적 성과의 총합인 양자 컴퓨터에 대한 이해를 통해 미래사회의 발전상을 가늠하게 해준다. 저자는 어려운 전문용어가 아니라 일반 대중도 이해가 가능하도록 양자학을 쉽게 설명하고 있다.

214 미생물의 세계 `eBook`

이재열(경북대 생명공학부 교수)

미생물의 종류 및 미생물과 관련하여 우리 생활에서 마주칠 수 있는 여러 현상들에 대해, 알기 쉽게 풀어 설명한다. 책을 읽어나가며 독자들은 미생물들이 나름대로 형성한 그들의 세계가 인간의 그것과 다름이 없음을, 미생물도 결국은 생물이고 우리와 공생하고 있다는 사실을 알 수 있을 것이다.

375 레이첼 카슨과 침묵의 봄 `eBook`

김재호(소프트웨어 연구원)

『침묵의 봄』은 100명의 세계적 석학이 뽑은 '20세기를 움직인 10권의 책' 중 4위를 차지했다. 그 책의 저자인 레이첼 카슨 역시 「타임」이 뽑은 '20세기 중요인물 100명' 중 한 명이다. 과학적 분석력과 인문학적 감수성을 융합하여 20세기 후반 환경운동에 절대적 영향을 준 레이첼 카슨과 『침묵의 봄』에 대한 짧지만 알찬 안내서.

277 사상의학 바로 알기 `eBook`

장동민(하늘땅한의원 원장)

이 책은 사상의학이라는 단어는 알고 있지만 심리테스트 정도의 흥밋거리로 알고 있는 사람들에게 바른 상식을 알려 준다. 또한 한의학이나 사상의학을 전공하고픈 학생들의 공부에 기초적인 도움을 준다. 사상의학의 탄생과 역사에서부터 실생활에서 적용할 수 있는 간단한 사상의학의 방법들을 소개한다.

356 기술의 역사 뗀석기에서 유전자 재조합까지

송성수(부산대학교 기초교육원 교수)

우리는 기술을 단순히 사물의 단계에서 생각하기 쉽다. 하지만 기술에는 인간의 삶과 사회의 배경이 녹아들어 있다. 기술의 역사를 통해 우리는 기술과 문화, 기술과 인간의 삶을 연결시켜 생각할 수 있게 될 것이다. 이 책을 읽은 후 주변에 있는 기술을 다시 보게 되면, 그 기술이 뭔가 다른 느낌으로 다가올 것이다.

319 DNA분석과 과학수사 `eBook`

박기원(국립과학수사연구소 연구관)

범죄수사에서 유전자분석에 대한 관심이 커지고 있지만 간단하게 참고할 만한 책은 거의 없는 실정이다. 이 책은 적은 분량이지만 가능한 모든 분야와 최근의 동향을 소개하고 있다. 특히, 내용의 이해를 돕기 위하여 서래마을 영아유기사건이나 대구지하철 참사 신원조회 등 실제 사건의 감정 사례를 소개하는 데도 많은 비중을 두었다.

과학 · 기술

eBook 표시가 되어있는 도서는 전자책으로 구매가 가능합니다.

022 인체의 신비 | 이성주

023 생물학 무기 | 배우철 eBook

032 최면의 세계 | 설기문 eBook

033 천문학 탐구자들 | 이면우

034 블랙홀 | 이충환 eBook

035 법의학의 세계 | 이윤성 eBook

036 양자 컴퓨터 | 이순칠 eBook

124 우주 개발의 숨은 이야기 | 정홍철 eBook

125 나노 | 이영희 eBook

126 초끈이론 | 박재모 · 현승준 eBook

183 인간복제의 시대가 온다 | 김홍재

184 수소 혁명의 시대 | 김미선 eBook

185 로봇 이야기 | 김문상 eBook

214 미생물의 세계 | 이재열 eBook

215 빛과 색 | 변종철 eBook

216 인공위성 | 장영근 eBook

225 권오길교수가 들려주는 생물의 섹스 이야기 | 권오길 eBook

226 동물행동학 | 임신재 eBook

258 질병의 사회사 | 신규환

272 의학사상사 | 여인석

273 서양의학의 역사 | 이재담

274 몸의 역사 | 강신익

275 인류를 구한 항균제들 | 예병일

276 전쟁의 판도를 바꾼 전염병 | 예병일

277 사상의학 바로 알기 | 장동민

278 조선의 명의들 | 김호

287 별을 보는 사람들 | 조상호

319 DNA분석과 과학수사 | 박기원

341 하지홍 교수의 개 이야기 | 하지홍

356 기술의 역사 | 송성수

373 꼭 알아야 하는 미래 질병 10가지 | 우정헌 eBook

374 과학기술의 개척자들 | 송성수 eBook

375 레이첼 카슨과 침묵의 봄 | 김재호 eBook

379 어떻게 일본 과학은 노벨상을 탔는가 | 김범성 eBook

389 위대한 여성 과학자들 | 송성수 eBook

395 적정기술이란 무엇인가 | 김정태 · 홍성욱 eBook

415 쓰나미의 과학 | 이호준 eBook

442 소프트웨어가 세상을 지배한다 | 김재호 eBook

448 파이온에서 힉스 입자까지 | 이강영 eBook

458 미사일 이야기 | 박준복 eBook

461 비타민 이야기 | 김정환 eBook

465 첨단무기의 세계 | 양낙규 eBook

470 나는 누구인가 | 김용신 eBook

474 뇌의 비밀 | 서유헌 eBook

488 별자리 이야기 | 김형철 외 eBook

㈜살림출판사

www.sallimbooks.com

주소 경기도 파주시 문발동 522-1 | 전화 031-955-1350 | 팩스 031-955-1355